〈貧乏〉のススメ

齋藤孝

Takashi Saito

はじめに

あなたの中に〈貧乏〉はあるか。

私が人を見るとき、一つの基準がある。それは、その人の中に〈貧乏〉があるかどうかだ。〈貧乏〉というのは、文字通りの貧乏体験をしたということだけではない。貧乏時代にこそ骨身《ほねみ》にしみて習得できる「体験を深くする技」（貧乏を力に変える技）をもっているかということも含まれる。あるいは、貧乏体験が一度もなくても、貧乏の良さ、苦しさを感じる人情味があれば、その人の中に〈貧乏〉があるといえる。

だから、この本で〈貧乏〉というときは、たんにお金がない状態ではなく、貧乏を力に変える、いわば「貧乏力」のことを指している。

実際、古今東西《ここんとうざい》の偉人《いじん》はもとより、市井《しせい》の人たちを見わたしても、人として「豊かさ」をもっていると感じる人たちには、みな、〈貧乏〉な要素がある。これは「法則」といっていいレベルで当たっている。

また、最近のように「不況、不況」と言われる時代に、〈貧乏〉を自分の中にもっている人は強い。少々のことがあっても、動じない。仮に、リストラなど一時的に不安定な状態になっても、すぐにそこから抜け出すことができる。

それは、その人の中に「貧乏を力に変える」ことがワザ化されているからだ。

〈貧乏〉を、自分の中に植え込んであるかどうか。

それは、いい人生を送れるかどうかの大きな分かれ道であるといっても過言ではない。

その意味では、貧乏は希望である、ともいえる。

だから、いま自分が貧乏だと思っている人も、その状況を悲観することはない。むしろ、貧乏であることを喜ぶ。それくらいの気持ちでいてほしい。

ただし、貧乏を希望に変えるには、ちゃんとした段階を踏んでいかなければいけない。

つまり、「技」が必要なのだ。

その技を身につけておかなければ、文字通り「ただの貧乏」になりかねない。ただの貧乏には希望があるとはいいがたい。

逆に、技をしっかりと身につけておきさえすれば、貧乏状態はおそるるに足りない。

いま貧乏状態にある人は、ぜひ、「希望のある貧乏」をめざしてほしい。特に貧乏ではないという人であっても、自分の人生に何か物足りなさを感じているとすれば、〈貧乏〉を自身の中に植え込むことをおすすめする。そうすれば、これからどんな事態を迎えようと、動じることなく事に向かうことができる。

くりかえすが、これから本書で詳しく述べるように、成功者や人生を面白く生きている人は、必ず、「貧乏を力に変える技」を身につけている。

貧乏を力に変える！

それは、現代社会を豊かに生きていくための「究極の技」なのだ。

装幀　吉田篤弘・浩美（クラフト・エヴィング商會）

〈貧乏〉のススメ　目次

第2章 貧乏を力に変える10の技

第3章　貧乏に似合うもの、似合わないもの

第4章　希望を育む「お金」の使い方

序章　貧乏を力に変える！

貧乏を力に変える。こう言ったばあい、まず二つの方向性が考えられる。

1　貧乏長屋《ながや》のように貧乏そのものを楽しむ

2　貧乏を二度と味わいたくない、その思いをバネに成功をめざす

1と2、どちらも「貧乏を力に変える」というときに欠かせない重要なベクトルだ。

1の「貧乏長屋」の考え方は、貧乏自体を克服《こくふく》すべき否定的状況ととらえない。その前向きなメンタリティだけで十分、「貧乏を力に変え」ているといえるだろう。

2は、「貧乏からはいあがって出世する」という、立身出世《りっしんしゅっせ》の代表選手みたいなあり方だ。松下幸之助や本田宗一郎、豊田佐吉といった戦前・戦後の成功者にもこういう要素が強い。

1　貧乏長屋のように貧乏そのものを楽しむ

真の貧乏人として生きる！

「明るく楽しい貧乏」を考えているのが『貧乏神髄《しんずい》』（川上卓也、WAVE出版）という本だ。この考え方は面白い。貧乏な生き方こそが本当の生き方なんだという貧乏礼賛《らいさん》が書いてある。

川上さんは「明るく楽しい貧乏」と「貧乏くさい」とを区別してもいる。いってみれば、貧乏長屋の花見などがこの人の考える貧乏生活のよさのイメージだ。

たとえば百円ショップでものを買って、「安くていい」といって喜んでいるけれども、結局銭失《ぜにうしな》いになるような人は「貧乏くさい」。大衆的な消費社会、消費する生活に流されてしまっているという意味だ。貧乏は時間があるのがいい、時間こそお金で買えないものであるという前提に立っている。

それに対して、材料を買って料理をするなど、生活を自分でデザインして個を押し出していく貧乏生活を提唱する。確固たる個をもって、独自に工夫する。これが「明るく楽しい貧乏」というのだ。

貧乏人には力があります。財力は乏しくとも、それを補うだけの自由な時間、自由な心、考える力、創造する力があります。真の貧乏人とは、これら諸力を備えた者のことを指すのです。（二三七頁）

川上さんの考えている「真の貧乏人」は、状況の中で確固たる個をもって、工夫をする。自由な時間をもって、創造的な暮らしをする。

言葉づかいも興味深く、「貧乏へと降りていく」と言っている。流されるのではなく、「自らの足で降りていく」。

金持ちから貧乏へ降りていくというわけではなく、貧乏くささの中から「貧乏」へ降りていく。「それが消費社会から抜け出す一歩」だと言う。

テレビに映っているものがほしくなり、コンビニがそこにあれば入りたくなり、百円ショップがあれば買いたくなる。けれども、そういう誘惑を断ち切って、「真の貧乏人」として生きていく。いわば、コンビニに行ってしまう人は「貧乏力」が不足しているという考えだ。

貧乏力のある貧乏人には生活サバイバル能力がある。**生活サバイバル能力が高くなると、むだ遣いが減ってくる。**仲間と楽しむときにはお金を使うが、日常で漫然《まんぜん》とお金を使うということはなくなる。

落語の中には貧乏生活がよく出てくる。長屋で貧乏な人どうしが仲良く暮らしている。貧乏とは心底楽しいもので、生きるという本物の喜びがある。そして、そこでは「貧乏そのものが遊び」なのだ。

たしかに貧乏でお金がないなりに工夫して暮らしているとき、それ自体にサバイバル感がある。貧乏が遊び感覚であるというのは、私自身も経験がある。

貧乏なときにかぎって、たまにお金が入ると貧乏どうしで集まってみんなで飲んでしまう。仲間と楽しむためのお金は、むだ遣いではないのだ。花見の回数なんかは、貧乏なときのほうが多かった。会社で花見をするというのではなくて、本当に仲間と花見をするという状況だ。落語的な世界。下町にある、味噌《みそ》や醤油《しょうゆ》を借り合うような生活だ。

貧乏そのものを楽しむ「ポジティブ貧乏」は人生を豊かにする。

2　貧乏を味わいたくない、その思いをバネに成功をめざす

二度と貧乏には戻らない

「三代で家が傾《かたむ》く」という言葉がある。

羽振《はぶ》りのいい商家でも、三代目になると、一代目が貧乏から身を起こした苦労がわからなくなり、ゆるくなって身上《しんしょう》をつぶす。三代で全財産を失う。

二代目は、自分の親である初代が貧乏から立ち上げた状況を見ているし、自分が幼いころ、うちはたいへんだったという感覚がある。体を使って、親の手伝いもしてきた。それに対し、三代目というのは、生まれたときにはもう家がたいへんではないので、子どものころに貧乏体験がまったくない。ここで浪費家《ろうひか》が一人出て、お金に余裕があるために賭《か》け事《ごと》などをするようになって、お金を吸い取られていってしまうことが起こる。

初代の上昇の気持ちは、貧乏状況をよしとしないで成功していくことをめざすパターンだ。これは貧乏長屋の価値観とはちがって、絶対に貧乏を抜け出していこうとする。

貧乏状況を是《ぜ》としているのが『貧乏神髄』だとすると、絶対抜け出して二度と戻らないぞというのが、西原《さいばら》理恵子著『この世でいちばん大事な「カネ」の話』（理論社）である。

著者は、二度と故郷の高知には戻らん、という。「貧乏のよさというのは二度と貧乏には戻らんと心にしみこませてくれたことなんだ」とある。

お金がなくて、ののしりあう両親。借金のために死んでしまった父親。学校をやめさせられて何もかもなくして、いられなくなった田舎。

貧しくて、貧しさが何もかもだめにしてしまうようなあの場所には、何があろうと絶対に帰りたくなかった。（一一一頁）

西原さんは、「この仕事で食べていくことができなかったら、またあの場所に逆戻りだと思うから、どんな仕事だって引き受けることができた」という。

その意味では、**貧乏体験が「絶対にあの場所には戻りたくない」というモチベーション（動**

機）の核になっていて、仕事をしつづける、働きつづける気持ちを育ててくれている。これが金持ちの三代目がもてなかったモチベーションだ。

お金がモチベーションの大きな核になって、働くことを余儀《よぎ》なくさせる。そのうち、今度は働くことが面白さに変わっていき、働くのがくせになって、働かずにはいられなくなる。そういう循環《じゅんかん》になっている。

そうなると、死ぬまで働く。死ぬまでがつがつ働いてどうするのか。それは、「あの場所」へ二度と帰りたくないからだ。

「帰りたくない」というモチベーション。そこから「働きつづけることこそが人間の生き方なんだ」という生き方論をもつようになる。

「働くことができる」「働く場所がある」ということが、「本当の意味で、人を『貧しさ』から救う」と思い、働くことが自分に欠かせないものになっていく。

そして、「生きていくなら、お金を稼ぎましょう」「どんなときでも、働くこと、働きつづけることが『希望』になる」という。

これはお金持ちになりたいという希望とはまたちがう。お金持ちになったら、お金持ちになった状態で引退してゆっくりと過ごしたいとはいわない。

貧乏体験によって、働くことが習慣化し、モチベーションが生涯途絶《とだ》えない。貧乏には戻りたくないので、どんどん仕事をしていくというパターンだ。

かつては無一文《むいちもん》で上京することで、「裸一貫《はだかいっかん》スタート」を多くの日本人が経験した。故郷に帰れない、だからここで、東京で勝負する。このパワーは、いわば「上京力」だ。

そういう根性で勝負していく人は、藁《わら》にもすがって社会へ食い込んでいく。それだけが唯一の成功への道ととらえてがんばるので、成功しやすい。

「裸一貫」が感覚としてわかり、パワーの源泉になる。だから、上京力＝貧乏力でもあった。

周りの成功者を見てもこのタイプの人は多いのではないか。

貧乏の取り扱い注意点

貧乏になってしまったときのよくない例もある。貧乏になったことで社会に対する恨《うら》みをもって、「どんな手を使ってでも成功してやる」という考え方をすることだ。

事業に失敗して没落したとか、何かでおちぶれてしまった人は、どんな手を使ってでもいいから儲《もう》けつづけてやるという状態になる。何が目的なのかもわからないほど、いろんな手を使ってお金をかき集めていく。けれど、その使い道はよくわからない。
そういう追い込まれたように焦《あせ》った感じになってしまうと、貧乏が前への推進力《すいしん》にはなるが、人生全体で見ると大きな過《あやま》ちをおかす危険性をはらむことがある。そういう意味では、貧乏体験は取り扱い注意だ。

貧乏という客観的状況が問題というより、貧乏にどう意味を与えるか注意しつつ、貧乏体験を上手にポジティブな経験にしていく。そういう取り扱いをしなければいけない。
これがちょっとでもねじれてしまうと、自分がこんなに貧乏なのは社会のせい、社会に対して復讐《ふくしゅう》したい、だれでもいいから、という通《とお》り魔《ま》的な発想になってしまう。
貧乏を力に変えるには工夫が必要なのだ。

貧乏くささから「降りる」わけでもなく、貧乏から抜け出し「ひたすら成功をめざす」わけでもない。どういう状況の中にあってもぶれない、動じない人間になる。そのための工夫だ。それが、つまり「貧乏力」をつけるということだ。そして、その「貧乏力」の柱となるのは、「体験を深める」という技だ。

貧乏時代の体験を自分の血肉となるまで深くする。

これこそが、貧乏を力に変える「究極の技」だ。

技である以上、段階を踏んでいきさえすれば、誰でもちゃんと習得できる。貧乏な人もそうでない人も、ぜひ、この技を習得して、習得以前には考えられなかったような、豊かな人生を送ってほしい。

まずは、貧乏を力に変えてきた達人たちの実例をのぞくところから始めたい。

第1章　貧乏は学びの宝庫

貧乏は体験を深くする

貧乏は体験を深くする。

安定した生活は大事だが、体験の深みはそれ以上に大事なのだ。

深い体験を語り合えたりする仲間がいるとさらによい。

お金がある一年はあっというまに過ぎる。私自身、比較的余裕のある生活をしているときよりも、貧乏で暮らしていた時期のほうが「長かったな」と思う。

体験が深いこと自体が人生の価値だ。お金のあるなしより、体験の深みのちがいが人生の価値を決めるのだ。

現実にはお金がない。お金がないという体験自体には、さほどの意味はない。そこをチャンスに変えられるかどうかだ。お金がないいっぽうで、たとえば「リフレイン読み（くりかえし読み）」をしているか。

お金は墓に持って入れない。墓に持っていきたいものがあるとしたら、リフレイン読みした本やリフレイン聴きしたCD、青春18きっぷや旅先の思い出。お棺《かん》にヴィトンのバッグを入れる人はあまりいない。「この本好きだったから、この文庫本を入れよう」となるだろうと思う。

貧乏時代に出会ったものは捨てられない。そして、それを持って来世に行きたい。

そう思うと、貧乏時代にちょっと希望が見えてこないだろうか。

貧乏が、働くことへのモチベーションになる。さらに、貧乏な時代であるからこそ、同じことでもやっている意味が深くなっていくということだ。

いや、僕は貧乏体験を日々深めているよ、という人。これから紹介する達人たち以上に貧乏から何かを学んでいると言えるだろうか。

安藤忠雄の「渇き力」

現代日本を代表する建築家はだれか。

そう問われたとき、まっさきに思い浮かぶ一人が、安藤忠雄だ。

安藤は、一九四一年に大阪で生まれ、「住吉《すみよし》の長屋」「光の教会」など斬新《ざんしん》な設計で世界中を魅了しつづけている。そして、そのプロフィールには、必ず「世界各国を旅した後、独学で建築を学び」とある。
そう、安藤は、現代日本を代表する「貧乏を力に変える達人」でもあるのだ。
安藤忠雄著『建築家 安藤忠雄』（新潮社）を読めば、それがよくわかる。のっけから、貧乏だったことが独学の理由であると書いてある。

家庭の経済状況に余裕はなかったし、子供の頃からの勉強嫌いで学力も及ばず、大学進学は諦めざるを得なかった。ならば、働きながら、知りたいことは自分で学び取っていくしかない（略）
最も苦しかったのは、何をどのように学ぶのか、というところから独りで考えねばならないところだった。（略）そこで、建築系の大学で用いられる教科書を買い集め、これを1年で読破する計画を立てた。アルバイト先でも、昼休みはパンをかじりながら読書に集中、夜も寝る間を惜しんで頁をめくり、半ば無理やりではあったが目標を達成した。

（四五頁）

結局、学ぶということは、自分で本を読んで身につけていくしかないのだ。

　ところが、私も大学教師を二十年近くやっている中で、学生から「野性」が感じられなくなっている気がしている。中学、高校、大学と「教えられる」ことに慣れてしまったため、つかみとってくるという「野性」が薄れてしまっている。大学一年生の四月というと「何をしてくれるんだろう」という期待の表情はしているけれども、与えられるものを待っている受動的な構えが大半だ。徹底的に勉強して、一年間で身につけてしまおうという学生はほとんど見られない。

　先生のいちばん大切なものをつかみとる！

　そのような飢《う》えた野獣のような感性、学ぶ感性があるかどうか。

　たんなる知力だけでは不十分だ。学びにも感性が必要だと私は思う。

　知力は学力テストをするとそれなりにはっきりする。だが、知力は人の力を伸ばす原資にはならない。貪欲《どんよく》さや、敏感に反応する感覚、感性といったものがあるほうが人は伸びていく。

　その感性を研《と》ぎすますのに、貧乏時代というのは非常にいい。

　お金があるとどうしても「次がある」「他の手段がある」と思う。けれど、**貧乏だといま勝負するしかない。**

自分の未来は「いま」にかかっている。

「いま」勉強するしか打開する道はない、「この本一冊」で勝負するしかない。

限定が加わることで密度が濃くなる。体験の密度は、「ここから半年でやらなきゃいけない」「この本を二週間で返さなきゃいけない」「全部筆写しないといけない」という限定からくる。

そうして筆写していく機能を自分の頭にしみこませる。

それが本来の「学ぶ」ということである。学ぶことに貪欲な感性が、貧乏による条件の限定によって促進されるわけだ。

貧乏が直感を研ぎすます

安藤忠雄は学ぶ感性の宝庫のような人だ。

ル・コルビュジエの作品集に出会った、独学時代の二十歳のときのエピソードがある。


ル・コルビュジエの名を冠した本を見つけた。何気なく、手に取ったのだが、頁をパラパラとめくり、すぐに「これだ!」と直感した。

（四六、四七頁）

なにしろ貧乏が直感を研ぎすましていたわけだ。出会いを求めてうずうずしている。降りてくる蜘蛛《くも》の糸をいつも探している状態だ。

独学をして建築の本を読んでいたからこそ、ル・コルビュジエの名前を知っていたのだろう。だから、目に止まるところがある。下地《したじ》があるから、洋書でも見つかる。Le Corbusierとフランス語で書かれている。もしかすると、安藤はフランス語が読めたわけではないかもしれないが、建築なら図版でわかる。だから、「これだ！」と直感したのだ。

古本とはいえ、当時の私には高額であり、すぐに買うことが出来ない。

それでどうしたか。

その日はせめて目立たない場所にと、そっと隠して帰った。以降、近くを通るたび、まだ売れてないかと心配で見に行っては、積み上げられた本の下へと押し込めるという作業を繰り返した。結局、手に入れるまでに１ヶ月近くかかってしまった。

本を隠す作業を一カ月くりかえして、やっと手に入れたという。かわいいというか、わかる気がする。

実をいえば、同じことを私もやったことがある。

そのときは持ち合わせがなかったり、たまたま見つけたがすぐには買えないというとき、その本を本屋の目立たないところへ置く。買おうと思っていたものがだれかに買われてしまうことがあるからだ。

伝記の書き方を研究してみようと思ったとき、『ツヴァイク全集』がほしかった。が、「今日はまぁいいか」と思い、買わずに帰った。ところが三日後、同じ本屋へ行ったらなくなっていた。三年くらいは置いてある雰囲気だったにもかかわらず……。

貧乏をやっていると、いつも持ち合わせがあるわけではないので必死になる。この瞬間にも、だれかに買われてしまうんじゃないか、心配でしかたがない。買えない一カ月の間に、本に対する、一カ月分の飢餓《きが》感がしっかり育つ。

昔、子どもは漫画雑誌が届く日を楽しみにしたものだ。指折り数えて待っていた。『まんが道』には、後に藤子不二雄となる少年二人が富山でドキドキしながら雑誌を待つ様子が描かれている。自分の受け皿をカラカラにしておいて、雑誌が来た瞬間、水がしみこむように吸収していく。

一冊の本も出会いだと思う。本がいいかわるいかではない。ル・コルビュジエの本はほかにもあるだろうし、読んでいる人がみんな安藤忠雄になるわけではない。

問題は、渇《かわ》き方だ。

読む人の渇望度によって、その本一冊の価値が決まってくる。本の価値を決めるのは、食欲と一緒で渇き具合なのだ。

ハングリーさのない貧乏にならないために

ハンガー・イズ・ザ・ベスト・ソース（Hunger is the best sauce）。貧乏すなわちハングリーといえる。

お金がない状態でも、学ぶことにハングリーじゃない人はたくさんいる。たんに貧乏なだけで学んでいない人も多い。

何かで身を立てたいと思って貪欲になっているのがハングリーだと思う。いまよりよくなりたいからがんばろうというのもハングリー。だけど、近ごろ、ハングリーさのない貧乏が蔓延《まんえん》している気がしてならない。

逆に、金持ちなのにハングリーな精神をもっている人もいる。

座標軸を使って整理するなら、「ハングリー（渇いている）」「余裕（満足している）」という軸と、「貧乏」「金持ち」という軸で四つのタイプに分けられる（図1参照）。

貧乏でハングリーな人がいる。

貧乏なのに余裕な人もいる。

貧乏なわりにハングリーじゃない人が増えている。貧乏だけど、かつかつなわけではない。野心も少ない。そういう人だ。

金持ちで余裕というのはわかるが、金持ちでハングリーな人もいる。

安藤忠雄のばあいは金持ちになりたいというより、向上していきたい、いまの自分から脱出してのぼっていきたいという気持ちだ。「上昇する」という健全なハングリーさがある。だから、一冊のしみこみ方が濃い。

ル・コルビュジエの本もやっとの思いで手に入れたので、「眺めているだけでは物足りなくなる」。手に入るまでの一カ月の間に、完全に飢餓感が育っているからだ。それで手に入

図1

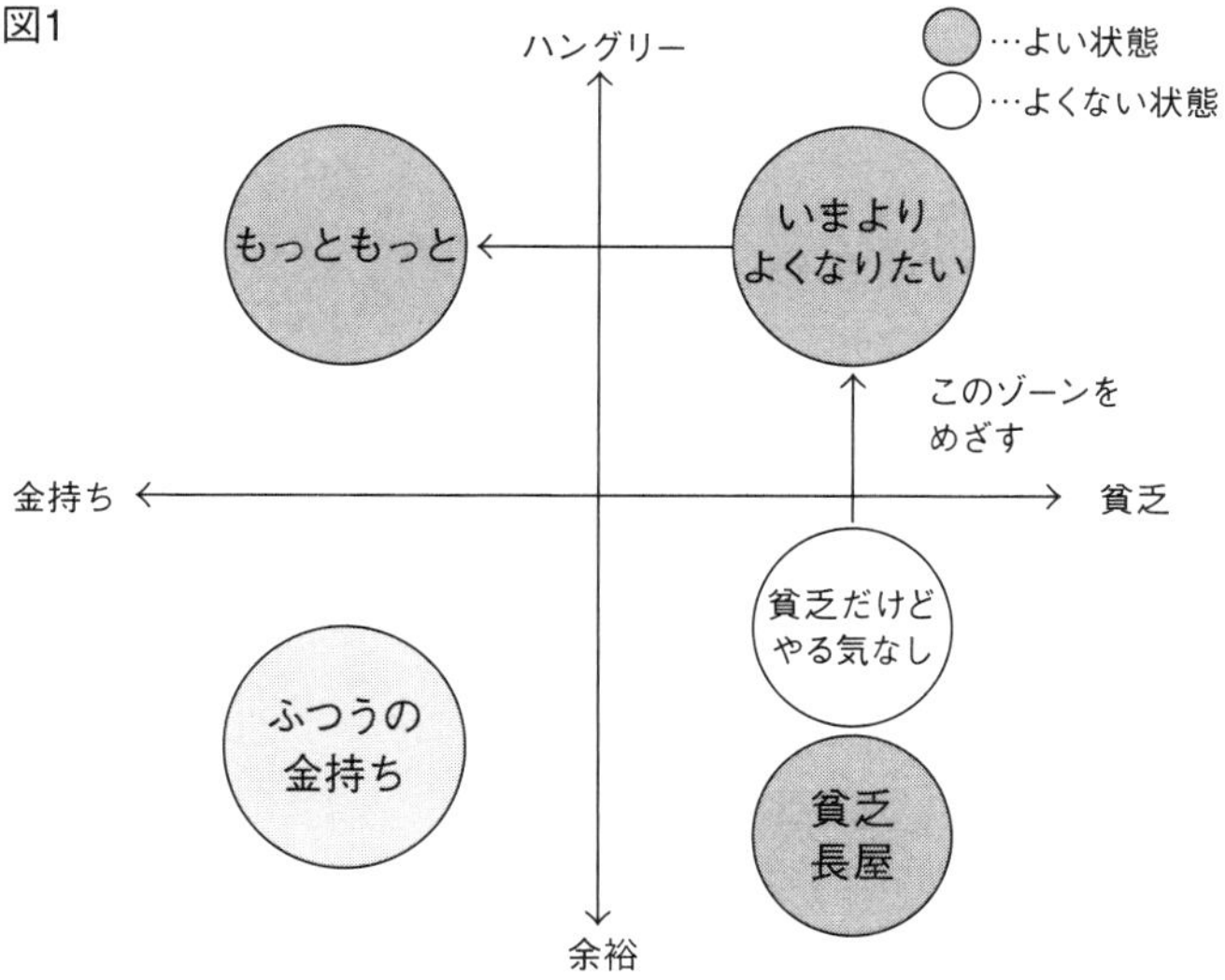

れると、ル・コルビュジエの図面やトレースのドローイングを始め、「ほぼ覚えてしまうくらいなぞった」という。

「なぞる」というのは、貧乏な時代だからこそできる技の習得法だ。本が少ないから、徹底してなぞるしかない。技術は真似て盗むのがいちばんの近道だ。

「見たことがあるよ」というのと、自分が書いたことがあり、白い紙を渡されたらすぐ書けてしまうというのは、ぜんぜんちがう。

「学ぶ」という大きな川があるとしよう。この川は、「知っている」と「できる」のあいだを大きく流れている。その川の両岸をつなぐものは何かといえば、貧乏であるがゆえに「一冊に賭ける」という体験の濃さだ。体験によってその川の隔《へだ》たりを乗り越えるのだ。

安藤は、解説がわからなかったとき、和訳などを手に入れて読みつないだという。コルビュジエも独学だったというので、あこがれの存在にもなった。そうすると、「学び」があこがれによって、さらに引っ張られていく。コルビュジエ自身も、独学だというのだから貧しかったのかもしれない。貧乏からどんどん向上していった人をモデルに、自分をなぞらせ、さらにがんばる。このような構図で、世の中は発展してきたともいえる。

命がけで旅をする

安藤忠雄は「もう帰って来られないかもしれない」という決意で、一九六四年に一般の海外渡航が自由化されると、一ドルが三百六十円時代に海外へ勉強しに行く。二十四歳だったので、それなりに生活のめどは立っていたのだが、蓄《たくわ》えの一切を使いきる覚悟で旅に出てしまう。

まさに命がけの旅人だ。

歩きまわって、ル・コルビュジエの建築を踏破《とうは》する。自分のなけなしのお金を使って。だから、お金の価値がちがう。親の金だと、お金をつぎこんで勉強しても、切実さが足りずに戻ってこないことが多い。しかし、安藤の場合、渇ききった砂が水を吸い込むように、目にするあらゆるものを自分のものへと変えていく。

旅でいちばんよくないのは、会社経営者の二世、三世が後継者仲間と連れだって、観光を兼ねて海外へ視察旅行に行くケースだ。よくあるケースである。親の世代に稼いだお金で視察旅行に行くわけだ。そういうお金で視察しても貪欲ではないので吸収できない。

安藤忠雄のように貧乏一人旅、命がけ、なけなしのお金で行けば、まったく目の色がちがってくる。なんとしてもつかみとってくるという、強いあこがれが生まれる。

観光気分で視察旅行に行って何が変わったか。せいぜい「何かを見てきた」くらいの浅い体験だけしか残らないのではないか。体験が深くない。センスは多少磨《みが》かれるかもしれないが、製品開発の真剣勝負にはなかなか使えない。これは、才能の差というより、渇き具合の差だ。

その人たちも安藤忠雄と同じような状況にたたきおとされて、「これで学ぶしかない」、この旅行で必ず何かつかんでこい」というふうに送り出されれば、ノートに何冊もメモしてくると思う。

会社を継《つ》ぐということは、ものすごくたいへんなことだ。守るというのは現状維持ではだめなのだ。維持していくためには、先代以上の力がないとキープできない。市場《しじょう》がいい時代だったから、先代は成功したということが多い。が、時代は変わっていくものである。それよりわるい時代になったとしたら、もっと努力しなければならない。将来への不安を先取りして努力しなければいけない。だが、なかなかそのイマジネーションが働かない。

金持ちでハングリーな人は、金持ちの状況は忘れて、想像力で自分をハングリーな状況へもっていくことができる人だ。そういう教育を施《ほどこ》す人もいる。家はお金があるけれど、子どもには贅沢《ぜいたく》をさせないで、お金の大事さを教えて、倹約《けんやく》をしてとっておく。使うべきときに使う。使うべきときはいつかというと、学ぶことに使う。それは、若いときしか本当に学ぶということはできないからだ。

唯一の資産「時間」をネットで無駄にするな

ユダヤ人はお金を儲けるのが上手だという。若いころ、私はユダヤ人は四十歳くらいまで自分に投資しつづけるというのを聞いた。回収するのはそのあとだ。三十、四十歳までは投資する。

それを聞いたときに「これだ」と思った。

そうだそうだ、三十歳までは本代について金に糸目《いとめ》はつけない。そうしようと思った。全部注ぎ込んでやる、と。

倹約するのはもともと好きだった。倹約してできたお金を本に使う。すると、一点豪華主《いってんごうかしゅ》義《ぎ》になる。服なんか買わず、食べ物もご飯に納豆でいい。そういう生活の中でほかを整理していくと、意識が一面化する。シンプルになり、研ぎすまされるようになる。そうすると、**すべてのエネルギーが一点に集中していく。すると初めて、越えられなかった壁を突破できるようになる。**

貧乏で気が散ってしまうというのではなく、一点に賭けている。時間的余裕がある場合は、いよいよ学ぶ時間をそこに注ぎ込んでいく。

ところがいまは、貧乏な人といっても、ネットはタダ同然だからずっとネットサーフィンする。

いちばん大切な、唯一の資産である時間というものが膨大に食われていく。動画も面白いし、ブログも次々に更新されるので、ついつい見てしまう。適度に面白いものが、タダでずっと手に入るとなると、完全に時間を食われてしまう。そこで情報を得ている気分になるけれど、**情報という程度では、次の自分がお金を得るだけのクリエイティブな能力は決して身につかない。**学び、トレースして、実際につかみとって、初めてクリエイティブな能力は身につく。安藤忠雄みたいなプロセスをふまないと、学ぶということは身につかないものだ。

インターネットで見るいろいろな情報は、消え去る。日々のニュースみたいなもので、それをくりかえし見ていても、ある地点までたどりつくことはない。自分が貧乏な状況である人が、一日のうちネットで二時間とか、ゲームで二時間とかつぶしてしまうのは、貧乏をムダにしているようなものだ。

貧乏だからこそある切迫感、時間の余裕というもの、あるいはあとのない良さ、腹をくくれる良さ。それを発揮できないようでは、貧乏の神様の罰が当たるというものだ。

二宮金次郎の「歩き読み」

本をくりかえし読んで覚える。

二宮金次郎（尊徳《そんとく》）といえば、貧乏と学びの先生だ。かつては彼の銅像が小学校の正門のもっとも目立つところによくあった。二宮金次郎の銅像の周りを掃除するのがいちばん気が晴れるので、私は小学校六年間はそればっかりやっていた。屋外なので気持ちもいい。教室の掃除をやるよりずっと楽しい。私たちのころは像も大きかった。いま、家の近所の学校にある二宮金次郎の像を見たら、ずいぶん小さい。私たちのころは台座自体が私たちより大きかった。薪《たきぎ》を背負って、歩きながら本を読む姿にあこがれた。

私もいつしか、歩きながら本を読むようになった。

地下鉄でフランス語の本と日本語の本を両手にもって三色ペンで線を引きながら、仁王立《におうだ》ちで本を読んでいたときもある。よくあんなことができたな、といまは思うが、間違いなく二宮金次郎の影響だ。

知り合いが乗り込んできたとき、電車内で爆笑された。

「やりにくくない？　はかどるの？」

「たいしてはかどらない」

一冊の本を歩き読みする人はいる。しかし、外国語の本と日本語の本を三色ボールペンを持って歩き読むのは、気合いである。いい意味での、呪《のろ》いのようなものが金次郎からうつっていたのだ。

蛍雪《けいせつ》の功《こう》ではないが、金次郎は菜種《なたね》の油で明かりを作って勉強をした。

おじさんに、「身分を考えろ、おまえは学問をするような身分じゃねえ」と注意される。百姓になれと言われたけれど、夜が更《ふ》けるまで『大学』『論語』を読む。自分の油であるからだれにも遠慮はいらない。楽しい夜な夜なだったけれども、注意される。けれども、おじさんが寝たあとでまた読みはじめる。

ある晩、三味線《しゃみせん》にあわせて浄瑠璃《じょうるり》を語る義太夫《ぎだゆう》がきたとき、金次郎はその語りの中に『論語』の一節があったことに気がつく。『論語』を暗唱してしまっているわけだ。当時は勉強のしかたが暗唱だから、何かを見たとき、聞いたときに、「あ、これは『論語』だ」とわかる。そういうしみこむ勉強を金次郎は行なっていた。

しかも、読む明かり自体、自分で作るしかなかった。そこからかと思うと、いまは電気があるだけましである。

金が入って落ち着いても貧乏時代からの勉強のしかたを変えない人がいる。漫画家なんかに多いそうだが、お金が入っているわりには、あい変わらず狭いところで仕事をしている。そのほうが、その時代の空気が残るので、落ち着いて仕事に向かえるのだ。

私も学生時代と勉強のシステムが変わらない。あんまり豊かにしすぎないようにしている。たとえば、短い文章を書くときは、手書きでふつうの紙の裏に書く。印刷されたものの裏に書くと、真っ白い紙に書くよりもなぜかはかどるのだ。何か貧乏感が出るのだと思う。紙がもったいなくてその裏側を使っていた時代の雰囲気だ。

広告の紙の裏側に原稿を書くという作家もいる。これはわかる気がする。反故紙《ほごがみ》だからいいや、という気軽さと同時に、自分にお金がなかった時代にちょっと戻る感じがある。

これも、〈貧乏〉をもちつづけるという意味で、貧乏力の一つである。

二宮金次郎に学ぶべきもう一つは、彼の「経済観念」だ。

金次郎は貧乏だけれど、経営のしかたをしっかり学んでいる。自分の家を倹約するだけではなくて、ある家老の家全体を再建する役目となり、経済をコントロールする。家老の支出もコントロールして、立て直す。「おまえにも百両」と言われれば、下働きの人にあげてくださいと言って帰っていく。そのあと、再建家として生きていく。自分個人の経験というだけではなく、それを拡大して、経営再建という仕事に結びつけていく。

経済観念は、小さいものから始めて徐々に大きくしていくが、どこまでいっても、家計なのだ。**家計をしっかりする**ことから金次郎は始めた。

私たちも、まずは小遣いチェックから始めたい。経営感覚は、こういうことの拡大版だ。だから小さなことから経済観念をしっかり作ることは一生の財産になる。経済感覚がないと、いくら稼いでもすぐなくなってしまう。

あるイラン人に学ぶ「学びの態度」

貧乏と語学は相性がいい。高額の語学スクールや教材などにあれこれ手を出して、たいして身についてないという人も多いのではないか。

昔知り合いになったイラン人は日本に来て三カ月なのに、日本語がすごくうまかった。

「日本に来る前に勉強してたの?」

「ぜんぜん」

その人はお金がないはずだが、ちゃんと職をゲットして、日本で部屋を借りている。

私にも部屋でカレーをごちそうしてくれる。日本で貧しいイラン人にごちそうになってしまっていいんだろうかと思うけれど、「いいんだよ、いいんだよ」と言う。彼の部屋に当時人気のアイドルだったウィンクのポスターが貼ってあった。それを見て、「いいね」と言うと、

「あげるよ、あげるよ」と言われイラン人からポスターをもらってしまう。

その人が私と話しているときに、「ちょっと待って」と突然言った。ノートを出して、何かさらさらっと書いている。「何をしているの」と訊《き》くと、「テレビで知らない日本語があると、メモするんだ」と言う。「この言葉はこうやって使うといいのか」ということを書いているのだという。

「そうか、ノートさえあればいいんだ、勉強というのは」と、そのとき気がついた。

日本語学校へ行ったわけでもないし、特別な何かをしたわけでもないのに、日本へ来て三カ月で、仕事もあって日本語を話している。ときどき日本語でわかりにくいことがあるときは、英語で言うと通じる。

「英語習ったの？」

「べつに。同じやり方」

英会話のレベルも、英語教育を長く受けてきた私とあまり変わらない。それで不自由なく日常生活を送っている。

この人は世界中どこに放り出されても、たぶん大丈夫なのだ。どこの言葉でも覚えて、職をゲットしていくにちがいない。そのパワーを見たときに、**ノート一冊あったら、貧しい中**

でもどんどん勉強していけると私は思った。しかも、貧しさの中でも人にごちそうしたり、人にものをあげたりしている。

心が貧しくないのだ。

そういう人は人から信頼される。だんだん金銭的にも豊かになっていくだろう。**心が貧しくなく明るい**ということは大切なことだ。犯罪に手を染めてしまうような貧しい地域のスラム的な雰囲気とはぜんぜんちがう。

それを分けるものは、学ぶ意欲だ。

勉強にはお金も才能もいらない

とにかくお金をかけないことをその人はモットーにしていた。お金を払って学校に通うなんて考えられないと言う。ダンスを身につけたければ、見て、真似すればいいのだと言う。だから**勉強するのにお金はいらない**、と言っていた。勉強するのにお金を一銭もかけない。かけるとしてもノート代くらいだし、いまは、いらない紙ならたくさんある。

勉強のためには金に糸目をつけないという考えが一方にあって、これはこれで強い。だけど、いっぽうでは、絶対に金をかけないと思ったらこれも強い。そこに加速力が出てくる。

その人にとっては、テレビで流れている日本語が気になる。日本のテレビなら日本語ばかり流れている。日本語を習う最大のソースである。それを全部メモればいい。そして、メモしたら使うようにする。メモした言葉を意識的に使ってみる。すると自然に覚える。その過程にお金はいらない。

門前《もんぜん》の小僧《こぞう》がお経《きょう》を覚えてしまうのと同じで、お金を使わないで学ぶと決めている人は、上手に技を盗むという意識が発達する。

東大に行く人の家の平均年収が高いとか、受験勉強にはお金がかかるとかいわれるが、正直にいうと、勉強には本当はほとんどお金がかからない。数学ができるようになるにはちゃんとした問題集を三、四冊解けばいい。それを徹底的にくりかえすのがポイントだ。モチベーションのある人はみんな自分でやってしまう。ちゃんとやれば、教材費だけですむ。

それができないから人を雇ったり、塾へ行ったりする。「モチベーションが上がらない」子どもだから、お金をかけるのだが、大学以降の勉強というのは受験とはちがう。

それに、**勉強には能力が関係ない。**運動ほどは関係ない。ましてや音楽より、断然、関係がない。

音楽は才能がない人がやってもきびしいものがある。私も何度かギターをやったが、調弦《ちょうげん》で音の上下がわからない現実に愕然《がくぜん》とした。ピアノなら音が決まっているからと思ったけれど、運動神経と指が動くこと、音楽のリズム感はまったくちがった。漫画を描こうとしたこともあったし、運動もスポーツ選手になりたいとまで思ったが、才能や能力が出てしまう。そういった才能が支配する世界で生きていくのには限界があった。

はたと気がつくと、才能が要求されないのは勉強だった。勉強は、地道な努力で、階段をのぼるようにうまくなっていく。

勉強は、歩くこととか階段をのぼることに近い運動なのだ。地道な努力には、それを支えるモチベーションが必要だが、貧乏であることはそのモチベーションを生み出すチャンスである。その意味で、貧乏な人のほうが、貧乏でない人より、学ぶ意欲をもちやすく、めぐまれた環境にあるともいえる。

勉強に限らず、体験の質が濃くなるというのはすべて学びなのだ。その意味でも、貧乏は学びの宝庫である。

第2章　貧乏を力に変える10の技

技1　貧乏を受け入れる

貧乏は軽く風邪をひいたようなもの

目の前の生活ができないわけではない。けれど、長引く不況のせいか、漠然《ばくぜん》とした不安を将来に抱いている人は多い。中には、何が不安かもわからず、「空想上の貧乏」になってオタオタしているような人もいる。

しかし、貧乏というのは、病気でいうと、ちょっと風邪をひいたくらいのものだ。

風邪をひいたことで、かえって抵抗力が強くなる。

たとえ雑菌《ざっきん》にさらされて、病気になっても、それで強くなることだってある。だから、貧乏をこわがる必要はまったくない。

私の通った小学校は川の近くにあったが、みんな貧乏で、一間《ひとま》か二間《ふたま》で暮らしている家族が多かった。だから、みんながつながっていた。そこには暗さはなかった。

二十代のときに同窓会で会ったら、全員が私よりいい暮らしをしていてびっくりした。二十代は、私がいちばん高学歴で、いちばん低収入だった。そのころはみんな、あの「貧乏時代」から抜け出して、人生が好転していくということを肯定的にとらえていた。でも、それは一九八〇年代くらいまでの話だ。

いまはまた、「親よりもいい暮らしが必ずできる」という昭和の思いがくずれてきていて、その確信がもてない。「親よりむしろ悪くなるんじゃないか」という不安感が強い時代になってきている。

不況時の漠然とした不安と同じく、「落ちていく」感というのは、人を不安にさせるものだ。もちろん、時代状況にかかわらず、突然、貧乏になることだってある。

二十代、三十代で、親が急死したため、まったくお金がなくなった、という状況に陥った人もいるだろう。そういうときに抑鬱《よくうつ》的になって、どーんと暗くなってはいけない。

どういう心持ちで現実を受け入れるのか。あるいは序章で紹介した西原《さいばら》理恵子さんタイプで、転化して金銭的成功に変えるのか。

前章では「貧乏は学びの宝庫である」と述べた。本章では実際に貧乏を「宝」に変えていくための技を紹介していきたい。

「自分は貧乏である」と自覚する

私がたまに行く台湾式マッサージ店で中国出身のマッサージ師が、「日本の人たちはやる気がないという人が多いです。この仕事はきついから日本人はあまりつづかない。子どもを見ても、中国の子どもは夕ごはん食べてからまた学校で勉強します」と話していた。

日本はいま、国際比較でいうと、モチベーションが危険な状況になりつつある。これだけある程度の豊かさがあるので、それほどふんばれないということがある。

「ふんばる」という感覚がない。

「ふんばる」というのは土俵《どひょう》のたわらに足がかかって、ぐっと腰が落ちるという状態だ。それができないというのは、沼で相撲《すもう》をとっていて足がずぶずぶ埋まっていくようなものだ。

昭和のころは、たいていの人が貧乏だった。映画『Always三丁目の夕日』のように、貧乏から一歩一歩、店が大きくなっていく雰囲気があった。みんながある程度貧乏だと、貧乏が苦にならない。

ところが現在は、総中流の時代を経て、その中からの転落感がある。

現実の状況以上に、加速度がマイナスに入っている雰囲気を国全体でかもしだしてしまっている。現実はそこまでわるくないとしても、その「マイナスの加速度感」により、落下していく雰囲気が身体にしみこんでしまう。メンタリティとして、社会の雰囲気がしみこんでしまう。

高度経済成長のときは比較的楽だった。社会が上昇傾向にあったので、その雰囲気を身に受けていれば自分も上がっていく感じがした。流れるプールにいるようで、自然にモチベーションが上がっていった。けれどもいまの状態は、流されていては、モチベーションが上がらない。むしろ下がっていってしまう。

そのなかでどうするか。

それには「なんとなく」というのではなく、「自分は貧乏である」という出発点に立つことだ。安藤忠雄も「家庭の経済状況に余裕がなかった」ため大学を諦《あきら》め、独学の道を選んだ。まずは、貧乏を受け入れたわけだ。

工夫して、**貧乏を悲観しないで、受け入れる**。受け入れたうえでどう過ごすのかを考える。

そこには二つの道がある。

貧乏を受け入れて暮らすのか、貧乏には戻らないように働きつづけるのか。二つの岐路《きろ》に立っているんだということを意識するだけで未来の展望はひらけてくる。

余裕をもって貧乏を生きる

私の友人が会社を辞めて居候《いそうろう》することになり、しばらく置いてあげたことがあった。

その友人はひじょうに健康的な人だった。朝起きて、体操をして、時間をかけて歯磨《はみが》きし、散歩をする。散歩から帰ってくると、パンの耳が大量に入ったビニール袋を持っている。パン屋さんがただでくれるのだそうだ。

それが、いつのまにかその友人は、家を建てていた。

そのとき初めて、「ああ、あれは節約だったんだ」と気づいた。本当に貧乏だったわけではないのだと。

みずから貧乏でいる分には、精神に余裕がある。追い込まれているのではなく、実は貯金もあるならば、とことん節約して、貧乏の状況を楽しめばいい。

ちょっとストックがあると、余裕をもって貧乏を生きることができる。それは悲観しないために大事なことだ。

本当に貧困になってしまうと、「貧《ひん》すれば鈍《どん》する」ということがある。人をねたむ、人のものに手を出してしまう、人との約束が守れない、借金を踏み倒してしまう、ということ。そうなる手前で、ちょっと心の余裕をもちながら、でも贅沢《ぜいたく》をせず、節約をしながら貯めていくという心の持ち方は、楽観的というか明るい気持ちでいられる。

私自身も二十代は収入がなく、三十三歳まで定収入がなかった。「再来月《さらいげつ》どうするか」という計算が立たない。契約も何もないので、ぱたっと仕事がなくなるということがある。

そんな生活の中、寝ていると夜中にカサコソ音がする。なんだか気持ちわるいなと思っていたら、あるとき見えてしまった。家の中をネズミが走っていたのだ！

私の実家では昭和三十年でもネズミが出たことがなかったので、それまでネズミを見たことがなかった。

貧乏だから出たのか、食べ物が腐《くさ》ったりしていたのか、よくわからない。ただ、ネズミが出たことで、自分の中ではきわまってしまったという感じがした。

そのときすでに家族がいたので、いっそう落ち目感に打ちひしがれた。ネズミを捕まえたときには、本当にげんなりした。思い出すたびに、あの生活には戻りたくないという強い思いがよみがえる。

私自身は、ネズミをいやだいやだと思っていた。

ところが、管理人さんに訊《き》いたところ、ネズミが出るというのは吉兆《きっちょう》であるという。ネズミが来るということは米や食べ物があるからだと聞いて、いいことかもしれないと思いはじめた。

「ネズミ＝貧乏・みじめ」ととらえていた先入観を、「ネズミ＝吉兆」ととらえ直した。すると、ウソのような話だが、その後しばらくして私の本がベストセラーになった。

「貧乏を力に変える」最初の技は、この「貧乏を受け入れる」ということをおいてほかにはない。実感をもってそう思う。

技２　「ちょっとした貧乏性」で働きつづける

一回目はタダでもやる！

「貧乏性」という概念がある。

これは、本当の貧乏じゃないのについつい過剰に節約してしまう、「癖《くせ》」のようなものだ。貧乏性というのは、じつに奥深い言葉だと思っている。とりわけ、「ちょっとした貧乏性」という表現は有効に使える。

「すごい貧乏性」だと貧乏くさいことになってしまうが、「ちょっとした貧乏性でつい仕事をしてしまう」といえば、貧乏くささは消え、むしろ「がんばり屋さん」を想像する。

以前、ある宣伝関係の仕事をしていた人が、その当時すごく仕事をしていた人のことを、「あの人はちょっとした貧乏性でしてね、齋藤さんと同じで」と言った。仕事がなくなるのがこわくて、つい仕事を引き受けてしまう、というのだ。
そのときに、なるほどと思った。なぜこんなに仕事をしてしまうのか。私自身その理由がわからないまま走りつづけていたのだが、それは「ちょっとした貧乏性」なんだ、とわかった。

断れなくて仕事を引き受けてしまう。それは「自己実現」という概念とはちがう。この仕事を断ると、お金が入ってこないというだけでなく、減ってしまうのではないか、という危機意識が潜在的にあるからだ。

すべては引き受けられない。けれど、同じ人からの依頼を二回断ったら、相手からはもう仕事がこない。ふつうは一回でも断っただけでこなくなる。私などはそれがこわくてつい引き受けてしまい、忙しくなりすぎて自分の首をしめてしまいがちだ。

逆に、貧乏なのに「仕事がなくてね……」と特に慌《あわ》てた様子もなく、漫然としている人を見ると不安になる。そういう人にかぎって、仕事がきたとき、「割がわるい」とか言って、仕事を引き受けなかったりする。

最初は割のわるい仕事がくるのは当然だ。**一回目はタダでやる、二回目もきた仕事をやる、そして三回目は条件をちょっと上げてもらう。**そういうふうにしていけば、仕事は自然と回転しだす。

序章で紹介した、「どんなときでも、働くこと、働きつづけることが『希望』になる」という西原さんの言葉も、この「ちょっとした貧乏性」に通じる。

仕事をするうえでちょっとした貧乏性であることは、まっとうな危機感をもつうえでとても大切なことなのだ。

生涯でいちばんうまく文章を書いたとき

なぜ私が、毎号『ＳＰＡ！』を買っているのか。

面白いからだけではない。それは、「貧乏を忘れない」ためだ。『ＳＰＡ！』という雑誌は、当初「僕らはサラリーマンだ」という調子のいい若手サラリーマンのためのものだと思っていたのが、いつのまにか、いわゆる下流対象になっていた。

「なぜ『ＳＰＡ！』を読むの？　下流じゃないのに」と言われたことがあるが、貧乏時代の体験が強烈で忘れられないため、シンパシーがあるのだ。

年収二百万円、三百万円でずっと生活していた。サラリーマン体験がなく、定収入という懐剣《かいけん》がなかった。初めて明治大学に就職したとき、毎月給料が入るということにびっくりした。予備校や塾だと、春休みなどで授業がないと、給料が入ってこない。「夏休みは授業がないけど、給料が入るのか」「入らない月はないのか」と事務の人に訊いたくらいだ。大学でも、非常勤講師だと半年で契約を切られてしまうことがある。非常勤はそもそも安いにもかかわらず……。

大学院には八年間いて籍《せき》がなくなった。もちろん、その間、籍を維持するためだけにお金を払わなければいけなかった。

そのときに私の生涯でいちばん上手な文章を書いた。長年の友人から、「いままで見たおまえの文章の中でいちばんうまい」と言われた。それは奨学金を願い出る文章だった。

父親が入院し、母親も病気で、家の商売も傾き、自分はこのような貧しい状況であり、それでも勉強をしたい。そのようなことを書いた。

嘘は書いていないが、多少ふくらませてはいる。多少の誇張と事実を複合していくと、すごい説得力になった。その文章もあって、見事に奨学金を勝ち取った。

奨学金というのは、教員にならない場合には返還しなければいけない。しかし、大学教員になれば返さなくていい。

考えてみれば、大学の教員になれば返さなくていい、というのは理屈が通らない。なぜなら、教員に採用されず、給料がもらえないからこそ、困っているのだ。返還請求が迫ってきたとき、「根本的に間違ってるだろう、定職につけばむしろ返しますよ」と思った。返せないような状況の人から返還させるってどういうことか。

企業に就職したなら返すというのはあたりまえだが、私のようにオーバードクターで、博士論文も落とされ、そのまま五年も籍は置いたが期限も切れて、学生身分もない。そこから、金までとるってどういうことか。返還できるような身分じゃないってば、と憤慨《ふんがい》した。

これではあのときの切実な文章がむだになってしまう。なんとしても大学に就職せずにはいられない。しかし非常勤では解決しない。

いま思い出しても、このときはひどかった。

家も借りられない。全部の不動産屋に断られたのだ。「実家は貧乏ではなく、学歴は高いんです」といくら説明しても、聞いてくれない。「前年度の確定申告書を見せろ」と言われる。不動産屋は金持ちにいい顔をして、貧乏人にはつれない、ということが身にしみてわかった。

お金がない、身分がない、なんにもない、放り出された不安な状態。

奨学金をとってでも生きていくぞという時代が私の中にあったので、『ＳＰＡ！』を読んでいても共感がある。

私の場合は、モチベーションはあったが、それでも三十二歳で無職というと、きついものがあった。子ども二人で無職では、にっちもさっちもいかない。

あのときの体験がもとで、「ちょっとした貧乏性」になってしまった。仕事が入れば断れないのも、この「ちょっとした貧乏性」のなせる業《わざ》だ。

「仕事がなくなるのがこわい」という感覚をもつ

『声に出して読みたい日本語』という本が売れ、宝くじが当たったような状況のあと、二百件以上の取材で同じ質問に答えつづけたことがある。それも、「ちょっとした貧乏性」だったからだろう。

いまもなぜこんなに働かなければいけないのか、よくわからない。身体も一回こわしてしまった。そのとき初めて、死んだら元も子もないということに気づいた。それまでは自分の身体のことを考えるということにも気がつかない。とにかく来た球を打つ、という状況だった。

仕事を断っていると、昔の状態に戻るのではないかと、不安になっていく。食っていくのには困らなくなっているのに、すごい不安感で、それに耐えられなくなってくる。

それで、著者インタビューという「パブリシティ」を引き受ける。パブリシティというのは、タダの宣伝活動だ。取材、出演料はないが、本を紹介してもらえるというわけだ。時給いくらという感覚でしか動けない人にはできない類《たぐい》の仕事だ。

だが一時期、「やってられないよ、パブリシティの時代は終わった」と思ったときもあった。でも、だんだん不安になって、一からパブリシティをやりなおすということをした。身体がこわれていても、そういう貧乏性は残るのだ。

こうしたちょっとした貧乏性は、もともと節約家であったことも原因だろう。しかし、その気質よりも、二十代から三十代の、ふつうの人が働いていた時期に、長期にわたる貧乏にはまりこんだ状況があったからだと思う。

貧乏というのは身動きがとれない。知り合いもいない。そして、私は実績がないわりになまいきだったので、だれかに引き立てられるということがなかった（後述する「**技9・かわいがられる**」が決定的に欠けていた）。

そんなとき、神社で求人募集があった。住み込みで月に二十万円くらいもらえるアルバイトだった。内容は、神社の掃除をしたりする管理人のような仕事だ。それで、神社に入ろうと家族で画策《かくさく》した。最終的には、条件が満たせなくてダメだったのだが、それほど身動きがとれなかった。

とはいえ、十年も貧乏な生活をしていると、貧乏にうちひしがれる、というまずさもありえる。

池袋の地下街に、いわゆるホームレスの方がいて、その方は有名人だそうだが、髪の毛が乾燥《かんそう》わかめを束《たば》ねたようにべったりとくっついている。私が友人に「とても他人と思えない」とつぶやいたら、「おまえ、それは危険だよ」と言われた。

自分はホームレスにはならないと思うが、現実問題、かなり近くなって、追い込まれて、さあどうしようという状況にいた。とにかくチャンスを引きずり出すしかないという感じだった。そうすると、ちょっと仕事ができるようになっても、まだ足りない、まだ足りないと思う。

大学に就職してからも、一通りの仕事をしているだけでは足りない気がする、何か仕事できないかとすぐに考える。そのことが原動力になって仕事を呼ぶようになる。**細かい仕事をつづけていると、また大きい仕事が入ることもある。**

「あの人は収入もあるのになぜあんなに仕事をしてしまうんだろう」という人がいる。それは純粋に仕事が面白いというのもあるが、私の場合、もっと大きな理由のためだ。それは、仕事がなくなった状態がこわいのだ。仕事は面白いけれど、面白いだけならここまでやらないだろう。

お金がある程度あれば暮らしには困らない。では、これ以上積み重ねて何を買いたいのかというと、特に買いたいものはない。車はきらい、時計を集める趣味もない、外へ飲みに行くということもさほどない。酒を飲むのも、次の日がつらいし、ギャンブルもお金がなくなるのでいやな感じがする。

とすると、男が金を使いそうなものは全部おさえている。使うとすれば、本くらいかと思ったけれど、本はそんなに値がはるものでもない。特に買いたいものがない人間にとっては、消費欲はさほど大きなモチベーションにはならない。

仕事が縮小してしまったとき、気づいたらオファーがない。オファーがきて初めて仕事がある。オファーが来なくなったときには何もない。その状況がいやなので、回転を止めないようにしていると、仕事がだんだん増えていってしまう。

これで隠居して、南の島でゆったりするという発想があればいいのだけれど……。一回、南の島へ行ったが、三週間もいたら、どうしたらいいかわからなくなり、困ってしまった。根が貧乏性だから、働かないのが不安なのだ。「ずっとここには暮らせないな」と痛感した。私の本音は、「日本ってあくせくしてて好き」、だ。

早起きは苦手だし、生来の働き者のメンタリティはないけれど、貧乏体験のおかげで、あくせく働くと安心できるようになった。

だから私は今日も働きつづける。

技３　体験の石油化をはかる

体験は石油資源そのものだ！

実際に貧乏を体験した人、そうでない人、貧乏ひとつとっても世の中いろんな人がいる。

そして、どんな人にも、生きてきた長さだけの人生経験がある。二十歳の人なら二十年分の、三十歳なら三十年分の。

だが、同じ三十歳の人でも、すさまじく仕事ができる人（その可能性を秘めている人）と、そうでない人がいる。同じ学校、同じ地域の出身どうしであっても、その差は歴然とある。

その差はどこから生まれるのだろうか。

それは、**若いころの体験が石油資源となって身体のどこかに埋蔵《まいぞう》されているか、それとも、たんなる経験としてどこかに飛んでしまっているか**、の差だ。

年齢がある程度いったときの経験は、あまり刻印《こくいん》されにくい。十代、二十代で浪人や留年をしていると、周りに遅れをとったという感じや苛立《いらだ》ち、孤独感、コンプレックスなどが大きい。しかし、大人になってから浪人しても、どうってことはない。いまとなっては、その大学じゃなくてもいい気がするし、何もかもどうでもよくなると思う。

私自身、浪人したり、大学院の修士課程でダブったりして遅れをとった。三十代で無職という経験も、人より十年遅れをとったといえる。その若いころの「悔《くや》しい」体験が、あとあとの燃料になっている。

私はそれを「石油化」と呼んでいる。

体験の石油化こそが「貧乏を力に変える」大技《おおわざ》だ。

かわいそうな恐竜の骨たちが石油になって地中に埋まっている。自分が認められないその時期の焦《あせ》り、苛立ち、怒りといったものを、石油燃料に変える。そういう精神の作業が重要なのだ。

この「体験の石油化」をうまくやるためには、二つの要素がいる。

一つ目は、ロックを聴きながら「絶対、見返してやる」と思うパターン。

もう一つが、向上心とともに「ゆるやかな生活っていいじゃん」と思うこと。

朝、仕事がない。夜はちょっとバイトがあるけれど、基本的にすごく暇。中古ＣＤ屋でどれがいくらとか、古本がここで安かったなど、いろいろな細かい情報に詳しくなる。そして、花見や祭りなど、たいがいの催《もよお》し物に行く。

地域の人とまじわり、楽しく暮らして、これはこれでいいなという実感を得る。そういう時間に、ときおり、「思い」がほとばしる体験があって、それが燃料として埋蔵されるのだ。

こうしたゆるやかなメンタリティと「見返してやる」「いまに見てろ」という熱い気持ちを、同時並行させなければいけない。


「この街を抜け出してやる！」――浜田省吾「マネー！」

浜田省吾の歌でいまでも夜中によく聴いてしまうのが、「マネー！」と叫ぶ歌だ。「マネー・メイクス・（ヒム）・クレージー、マネー・チェインジイズ・エブリシング」「いつか奴らの目の前にビッグ・マネーたたきつけてやる」という歌だ。

私は、すごく貧乏な生まれでも育ちでもない。しかし、二十代の暮らしで貧乏を味わった時期、「マネー！」と叫ぶ浜田省吾のこの歌と出会った。そのとき、「この街を抜け出してやる」と思った。しかし、そんなに街でいやな思いをしたことがあったわけではない。いつか故郷に錦《にしき》を飾るという思いはあったが。

そういえば、同窓会で、お金がないことでばかにされたことがあり、にこやかに対応しつつもはらわたが煮《に》えくり返る思いをした。あるいは私が大学院生時代に、「年収いくらですか」と訊く人がいた。すでに家族もいたときに、「研究者って儲かるんですか」とつっこんで訊かれた。研究者とは一般に大学の先生を指すのに、それにもなっていない。訊かれたことが頭に来た。

そのとき、世の中の人が年収で人を見るなら、信じられないほど稼いでやる、と思った。といっても、べつに、大金の使い道があるわけでもない。しかし、そういう人たちに見せつけてやりたいという思いを、石油燃料として自分の中に埋蔵した。

そこで、浜田省吾が歌っているあの歌である。

もっとも、浜田省吾本人はすでに大金持ちだと思う。それなのに、そう歌っている浜田省吾に、私の気持ちがぐっとくるということは、彼にもおおもとにはそういうお金でばかにされた経験があり、「やつらの前にたたきつけてやる」という思い入れがあるのだろう。

それがなければ伝わらない。何万人もの前で歌っているときに、その気持ちをこめるのだ。

熱い思いがいつでも解凍可能な状態で冷凍保存されている。消えかけの炭火《すみび》の中に火種《ひだね》はちゃんと残っていて、一息《ひといき》ふきかければいつでも取り出せる。

「あの貧乏時代を忘れないぞ」という、だれをもおそれない強さ。戦う意志にあふれていた俺。「やってやる」という気持ちにあふれた若い時期。

そういうときの自分を「石油化」していると、いつでも、ちょっと火の粉をふりかけるだけで、「貧乏性」という固形燃料に火が点《つ》く。石油のように過去の痛い経験を溜《た》めているのであれば、それは**お金という目に見える財産以上の財産**をみずからの内にもっているといっていいだろう。

持たざるものの「溜め」

ロックをやる人は基本的にやせていないとダメだろう。

やせていないロッカーというのはサンボマスターくらいしか思い浮かばない。でも、サンボマスターは、「たぶんモテないだろうな」と意識的に思わせる、ひきつけるものがある。持たざるものの強さ。

だからあんな勢いがあるのだ。

ああいうのを見ていると、男性の場合、お金、異性関係は二大貧乏源だと思う。お金がなくても女性に不自由しない人というのはいる。そういう人は生まれながらの金持ちだと思っていい。貧乏でもなんでもない。

そんなやつには負けたくないという気持ちが、男ならふつふつとわき上がってくるだろう。モテるやつらが届かないところまで行ってやる。そういう思いだ。

ロッカーというのはお金がなかった時代とか、見向きもされなかった時代というのを背負っている。もしくは演出する。いまの時代、そういう人はリアルではないが、持たざる人の琴線《きんせん》にロックの魂がふれるわけだ。

お金と異性の貧乏体験は、その後のエネルギーになる。

女性の場合、男性とつきあっていないことがすごいエネルギーになるかは正直わからない。

しかし、私は、男性の場合、ＤＴ（童貞）状態を一歩進めたＡＤＴ（あえて童貞）体験をすすめている。ただのいたし方ない童貞ではなく、積極的にみずから選び取った童貞。攻めの気持ちでいることが大切だ。ＡＤＴ名誉会長は、宮沢賢治先生になっていただきたい。

高校時代に女と遊んでいて、しかもいい大学へ行っているやつがいると、本当に腹が立つだろう。そのエネルギーが大事だ。そのときに溜めを作る。三年、四年溜めたものが生涯の燃料になる。

私は異性関係に早熟ではなかったので、そういう時期を思い返すだに、貧乏体験と異性体験の悔しさがいまだにエネルギーになっているような気がする。

アンチエイジングとしての貧乏

こうした持たざる時代のエネルギーを持ちつづけることが大切だ。

私などは、あの時代の感覚を忘れないようにするためか、放っておくと、一回お金をチャラにしたくなる。

意味もなく、散財をする。そうすると現金がなくなるので、また貧乏になる。

私は浪費家ではないと思う。ただ、現金があるとき、それで何かを買ってしまえば身動きがとれなくなり、働かなければならなくなる。そうすると、あのときの**切迫感**がまたよみがえってきて、新鮮な気持ちで仕事ができる。

なぜまたあんな気持ちにならないといけないのかという思いも、あることはある。しかし、無意識がなせる業なのか、現金をもっていないなら、また始めなきゃという気持ちになる。

それは深い意味では、自分にとってのアンチエイジングを求めているのかもしれない。「貧すれば鈍する」というと老《ふ》け込んだ感じがある。しかし、**若い時期、貧乏だったころ、仕事がほしくてほしくてたまらなかったころのメンタリティを保っていれば、若いままでいられる**のではないかという気がする。

年齢がいっていて、本当は貧乏ではないというときでも、定期預金などでお金が固まってしまっていて動かないとなると、余裕がないわけではないのに、当座の現金はない、という貧乏の気分を作ることができる。

私の知り合いの経営者は、酔うと自分は、「ビルの谷間にふきすさぶ風の中で寝ている浮浪者だ」と言う。だけど、その人の家賃は五十万円以上する。信じられないような大きい家に住んでいる。その人の、成功の手前の時期は居候《いそうろう》状態だった。自分の家を借りられない状態にあったとき、そこで精神の「溜め」を作り、のちに爆発した。

いい時期わるい時期というのはあるだろうが、いい時期になっても、まだ「おれは昭和枯《か》れすすき」みたいなことを言う。「あなたはもう正反対でしょう」と言うのだが、彼がそう言う気持ちもわかる気がする。居候時代がしみついてしまって忘れられないのだ。

お金があるという現実はある。けれど、彼のアイデンティティは苦しかった時期にある。**貧乏で成功への「溜め」を作っていた時期。**雌伏《しふく》の時期。伏龍鳳雛《ふくりゅうほうすう》というが、認められない時期にアイデンティティがあり、自分のアイデンティティはそこからは動かない。

二十代で、貧乏だけど書生であるという時期があるのもいい。「生涯一書生」という司馬遼太郎の言葉もあるが、**自分のアイデンティティを苦しかったときにおくと、成功しても気をゆるめない。**

最初は安いお金でもどんどん仕事を引き受けていると、そのうち仕事がどんどんまわってくる。たとえ現金収入が少なくても、働きつづけることが、自家発電として生活を明るくしてくれる。

「今日も何千円稼いだ」「仕事が増えた」というだけで明るい気持ちになってくる。その回転していく感覚が大事だ。

自転車ライトは走らないと電気が点《つ》かない。自転車のライトは点くと漕《こ》ぐのが重くなる。重くなるけど明るくなる。あれが「働く」ということのイメージに近い。

負荷《ふか》がかかるけれど、やめずに、それでずっと走りつづける。これが貧乏体験がある人の考え方だ。だから貧乏時代を潜《くぐ》り抜けた人はたいてい、成功したからやめるのではなく、何歳になっても働いている人が多い。

消費しない生活をする

「体験の石油化をはかる」とき、のんびりする時間帯をもつことも忘れてはいけない。

貧乏時代は、とかく、怒りや憤《いきどお》りを溜めがちだ。その思いの燃料を内部に溜めすぎ、**自家中毒や内部爆発してしまっては元も子もない**。そうならないためにも、お金を使わないでうまくいった、という経験をもつことをおすすめする。

たとえば粗大《そだい》ゴミ置き場で完全に使える本棚などを見つけたりする。ちなみに、我が家では他人の粗大ゴミは貴重な資源になっていた。使える本棚を得ると、ものすごく得した気分になった。「なんてもったいないことをするんだ、このまま日本にゴミが増えるだけのところを私が有効利用してやろう」。そう思えれば、気分がとても晴れ晴れしてきて、前向きな気持ちになる。お金を使わないで、いい思いをしたというのがとてつもなく面白い。

現代では、消費する面白さが面白さの中心におかれがちだが、いかに消費をしないかということが、実はとても面白いのだ。

ふせんを買わずに紙を切ってみる。すると、ふせん代わりになる。そういう工夫をして、発見があれば、それだけでとても得した気分になる。

神保町や早稲田の古本屋をうろうろすると、一冊百円以下で新書が売られている。二千円あったら二十冊以上買える。二十冊読めば相当賢くなる。かつて私も古本屋で『資本論』を買ったが、全巻で二百円くらいだった。

本は、量や質とまったく関係なく値段がついているのが面白い。どんなにすぐれた本でも五十円で売られたりしている。

『輪島功一物語』という自伝も、そうした古本屋で出会った一冊だ。

彼は信じられないくらいの貧乏だった。トラック運転手を経て、年齢がいってからボクシングを始めた輪島は、独自のトレーニングを編み出していったという。

そこにあったのは、輪島の「絶対に負けない」という気力、貧乏パワーである。

その本を古本屋で買って、「輪島を力にする」体験を得た。

山口百恵を聴け！

私はいま山口百恵《ももえ》をデビューから引退まで聴くということをしている。時代なのか、昭和の香りもする。

彼女の自叙伝である『蒼《あお》い時』（集英社文庫）を読んでみると、貧乏力の良さをなんとなく感じる。いままでいうセレブとは全く雰囲気がちがう。彼女も読書が好きで、仕事の移動中も背筋《せすじ》を伸ばして静かに読書していたという。

彼女も特に裕福な出ではない。顔も、どことなく影がある。昭和の影を背負っている。それが意志の強さにつながっている。

あの雰囲気で、「イミテイション・ゴールド」なんて歌っていると、ぐっとくるものがある。彼女の声自体は、簡単にいうと、沈んでいる。アップテンポの歌を歌っても沈んでいる。影があるというか、セピア色といえば聞こえはいいけれど、それよりもっと沈んでいる。野球でいえば、打っても内野ゴロにしかならない、重い球を投げてくる。

カーペンターズのカレンも低音の魅力がある。でも、そんなに貧乏の香りはしない。心にしみるいい声だなとは思うけれど、貧乏力とはちがう。

ところが、山口百恵には、敗戦を引きずったかのような香りさえする。彼女は世代的にそうではないのに、高度成長期後のメンタリティがないような、何かがちがう、取り残されたようなものが声にある。その声がもつ暗さに、多くの人がとてつもなくはまり、ひきよせられて動けなくなる。

アイドルという雰囲気ではなく、影のある重い空気。

美空ひばり、都はるみ、北島三郎という存在は、貧乏からはいあがってきたという印象がもろだから、ある意味、明るさもある。敗戦後の日本のつきぬけた明るさもある。

だが、山口百恵は、サブちゃんたちと同世代でもないのに、歌も貧乏な歌ではないのに、どこか聴く人の意識の下にささやきかけてくる。アップテンポの歌を歌っていても、「私たちが貧乏だったころ……」という語りかけが聞こえてきてしまう。デビューのころの暗さが、作曲・作詞の宇崎竜童《うざきりゅうどう》、阿木燿子《あきようこ》の力をもってしても、どうしても残る。それがちょうどいいバランスだったのだろう。デビューのころの暗さだけではつきぬけられなくて、都会的な歌の中で、つきぬけていった。

その声を夜、聴きながら眠ると、貧乏を力に変える何かが充塡《じゅうてん》される。品がありながら「この世界を許さない」みたいな何かをどこかに感じる。そんな歌に対して、共感を超えた強さによって何かが充填されていく。声を荒げないのに、じとっとくるような強さがある。

その昭和の空気というのは、ああいうふうに昇華されてでも残っている。そのバランスが**品格ある貧乏**という感じで両立しているのがすごい。

彼女が引退したのが二十一歳のときだったが、山口百恵を見ると三十歳で刑死した吉田松陰を思い出す。吉田松陰は『留魂録《りゅうこんろく》』で、人にはそれぞれ四季がある、と書いている。私は若くして死ぬけれども、春夏秋冬があった、と。

たしかに山口百恵のゴールデン・ベストを聴くと、春、夏、秋、冬となっている。冬といっても成熟した冬で、従容《しょうよう》として死に赴《おもむ》いた松陰と同じく、引退をみずから選んだ。多くの人を導き、最後は退いていく。私の伝えるべきことは伝えました、この魂を残しておきます、と言い、マイクを静かに置く。

そういうものを日々聴くことにより、心の中に「貧乏時代のエネルギー」をよみがえらせる。

社会と自分をごりごりすりあわせて摩擦熱で自分を熱くしたい。せっかく貧乏なのに、「やってやる、抜け出してやる」という気力がなくぼんやりしているのでは、貧乏を力に変える原料をムダにしていることになる。

技４　一冊の本をバイブル化する

貧乏ゆえに身体にしみこむ

貧乏時代に出会った「この一冊」には、人生を変える力がある。

同じ本でも、お金があると「情報」として読んでしまう。お金がないときには骨身にしみこむように読む。安藤忠雄の「ル・コルビュジエの本」しかり、二宮金次郎の『論語』しかりだ。

何事も、貧乏だと身体にしみこむ率が高い。

その大切な時期に、自分は何をしみこませるか。

ネットの情報をしみこませるのか。それとも、同じ本を何十回と読むのか。

貧乏時代のレコードやＣＤは、一枚の重みがちがう。私も友だちとお金を出し合って一枚のレコードを買ったことがある。当時の私には、レコードは高価な買い物だった。だから、とても大事にして聴いた。

あの時代に聴いた一枚はいまも強く残っている。一枚から得ることができる、体験の質がちがう。

貧乏ゆえに、ものが少ないゆえに、体験の深みに入る。ゾーンに入り、血となり肉と化す。

これぞ、貧乏を力に変える王道だ。

私の知人に、子ども時代、田舎でものがなく、本は一冊しかなかったという人がいる。それしかないので、毎日それを読み、一冊丸ごと覚えてしまったという。一冊丸暗記すれば、そのワールドが自分の中に入ってくる。そうすると、自分の中に強力な人格がもう一つできる。当然パワーがちがってくる。

時間はあるけどお金がない、と言っている人には、ドストエフスキーをおすすめしたい。

ドストエフスキーは、ゾーンに入ったら、何回もくりかえし楽しめる。そもそもが、お金がなくて困っている人たちの話だ。貧しき人々の話は、金持ちの話より深みにはまりやすい。

たとえば、『罪と罰』のラスコーリニコフがそうだ。ラスコーリニコフの金欠ぶり、社会的評価のなさ……そこから生じるあのいらつきも、自分が貧乏であるほうが共感できる。

彼は、あなぐらのような下宿で、ほこりが地層ほどに積み重なったところに暮らしている。下宿の娘さんに「昼間から何をしているの」と言われて、「仕事だよ」と答える。

「仕事って何？」

「考え事だよ」

こういうのは、貧乏時代のほうがツボに入って読める。

「ない」ということが大事なのだ。「モノがない」「お金がない」、だからこそ、一つのことに徹底する。セミナーなんか当然行けない。英語でも受験勉強でもなんでも同じことだ。いろいろ手を出すより、「これ」をくりかえしやるしかなかった、という状況になると、ちょろちょろ塾に行っているよりもできるものだ。

貧乏なので自習室を探して自力でやるしかないという若者を見ると、「がんばれよ」と言いたくなる。そういう人はたいてい野性味があって、しっかりしている。

それは、たっぷりお金をかけて「いい学習環境」を与えられるのが当然と思っている、ぼんぼんには出せない野性味である。お金をかけてやっている人が多いなかで、お金がない状態でやるのは、サバイバル感覚にもなる。そういうサバイバル感覚は健全なものだ。

どうすれば、お金をかけていい思いをしている人より成長できるのか。

お金なんかいらない。そのことに気づけば、学ぶということがわかってくる。くりかえすが、学びは貧乏ととても相性がいい。

一冊の本を「リフレイン読み」する

そういう時期には、多読というのは必ずしも適当ではないかもしれない。お金もかかってしまう。多読というより、くりかえし読んでバイブル化することだ。そうすることで、心が培《つちか》われる。少々のことではへこたれないアイデンティティが作られていく。アイデンティフィケーションというのは同一化するということだ。

たとえば矢沢永吉の『成りあがり』(角川文庫)をくりかえし読む。

この「リフレイン読み」は、矢沢永吉自身が『成りあがり』の中で、言っていることだ。

十回ぐらい、リフレインで読んだよ、えらい気に入ってね　(六五頁)

バイブル化とは、すなわちこの「リフレイン読み」だ。リフレイン読みというのは、言葉としてはないだろうが、「リフレインで読んだよ」という矢沢の発言がかっこいいので使ってみたい。

十六歳の矢沢青年がリフレインで読んだのは、なんとデール・カーネギーの『人を動かす』（創元社）である。「十回くらいリフレインで読んだよ」「無意識のうちに、ためになってるみたい」とある。

そもそも矢沢がこの本をもらった経緯というのが、なかなかいかしている。キャバレーを三軒くらい経営している社長がいた。友人に誘われ、その社長の家に行くことになった。そのときの矢沢が、実にうまいのだ。

「社長さん。ぼくなんかまだナマイキ言ってても、子供で、よくわかんないんですけど。ほんとに社長さん、おひとりで全部これ作られたんですか」（六三頁）

「そうですかあ、すごいなあ。裸一貫でここまで。尊敬しちゃうなあ」（六四頁）

えらい機嫌よくさせている。

矢沢自身も「高校一年にしては要領がよかったからね。おとなの気持ちを喜ばせるテクニックを知っていた」と言っているほどだ。その結果、「これをやるからと渡されたのが『人を動かす』って本」。


本と一緒に「メシでも」って、一万円くれた。

そういうキッカケで読み出したんだ。その本。


若くて何もなかった時期に、人からもらった本を十回以上リフレイン読みする。こうして読んだ一冊は、「一生モノ」となってその人の中に残るのだ。

とはいえ、「たしかにいい本で、言っていることは当たっている」と思っても、実際にはなかなか十回は読めない。ふつう二回目すら読めない。

それがなぜ十回も読める人がいるのか。

そこには**自分に対する期待感**というものがあるのだ。いつか本が自分を引き上げてくれる、これが役立つ、と信じているから読む。

だからまずは、自分自身に期待してほしい。

一冊の本を十回読むと、人は変わる

私の本を十回読みましたという人がいて、感謝されたことがある。『原稿用紙10枚を書く力』というのを十回読んで、昇進試験に受かったとその人は言っていた。

昇進試験が小論文で、だけどどうしても小論文が書けない。昇進の基準がきびしくてほとんど通る人がいない。どうしたらいいかわからない。藁《わら》にもすがる思いで、『原稿用紙10枚を書く力』を十回ほどくりかえし読んで、「ここに書かれている方法通りに書きました」、とその人は言った。

それを直接聞いたとき、「人は同じものを十回読むと変わるんだ」ということを知った。

「ぜったいこの本でなきゃいけない」なんてことは、『聖書』や『論語』を別にすれば特にないと思う。**ある程度よい本であれば十回読んだ人から変わっていく。**

何かが十回言えたら一抜けというゲームがあるが、そういうゲームのようにとらえてもいい。ちゃんとした本を十回読んだ人から最下層ゲームを抜けられる。そういうゲームであり、ルールだと思えば抵抗感なくできるのではないか。

精神の骨格を作ることが大事なのだ。

朱に交《まじ》わっても赤くならない。他の人がどうであっても自分はこうなんだという精神の柱を作る必要がある。そのためには、しっかりとした人の本を何回も読む。そうすると、それが柱になる。一回、二回読むのと、五回、十回読むのとでは、吸収量が全くちがう。暗記すればもっと強い。

本だとイメージしにくいかもしれない。しかし、漫画で五回、十回読んだことのある本は、けっこうあるだろう。

話の筋はわかっているのに、くりかえし読む。それはなぜか。

何度も反復することでそこに書かれているメンタリティを吸収して、自分の骨格にしてしまいたい。そういう心地よさがあるからこそ十回もくりかえすのだ。

貧乏からはいあがる『巨人の星』のような漫画を小さいころからずっと読んでいると、「貧乏に負けない」という精神が骨格となる。元巨人の投手、桑田真澄《くわたますみ》は「かあちゃんに家こうたる」と言って投げていたそうだが、まるで『巨人の星』のようなはいあがるパワーだ。

本は十代の後半から二十代に効く。

二十代でこそ鍛えるべきものがある。ところが、その時期に社会からはずれてしまうと吸収量が少なくなってしまう。会社員であれば、二十代はすごく鍛えられる。会社にいて三十代を迎えた人は、それなりに一人前な感じがするが、そこを全部飛ばしてしまうと、自分自身の精神性を鍛える機会が少なくなってしまう。

そして、三十代で社会性が若干欠けていると、それがその人に対する信用のなさと映ってしまう。**二十代の時期にどう自分を鍛えるか、**はとても重要なポイントだ。だから、二十代で自分を鍛え損なったと思う人は、二十代のつもりで鍛え直す覚悟が必要だ。

ちゃんとした本のリフレイン読みで骨格を作り、反射神経を鍛える。会話の中で自分の社会性を見せる。このように自分を鍛えていかなければいけない。

これが人から見込まれる早道、「貧乏を力に変える」近道でもある。

人からすすめられた本は素直に読む

何かのチャンスでたまたま出会った本というのがある。

矢沢が出会ったカーネギーの『人を動かす』などは、高校生が読むような本じゃない。ヤンキーというか勉強なんかしない高校一年生が読む本じゃないのに、矢沢は出会いの中で人からすすめられた。その出会いを大事にして、それをきっかけにして読んでいく。

その**素直さがすばらしい**。

「こういう精神状態なんですけど、どんな本を読んだらいいですか」

ときどきそういう質問を受ける。それに対し、「勝海舟の『氷川清話《ひかわせいわ》』なんかいいんじゃないか」と私が答える。私が中学生以来リフレイン読みしている本だ。だが、自分からたずねておきながら、読まない人も多い。逆にそれで素直に読んだ人たちは、もはや私はきっかけにすぎなくて、勝海舟という人がそこに住み込むようになる。

人との出会いがあるから、たくさん読めるということがある。人から本をすすめてもらうというのはいいことだ。しかもその本を十回読んだら、はんぱじゃないくらい元がとれる。

それにくらべて、テレビでは骨格を作るのは難しい。精神の骨格を作るには不向きな媒体だ。くりかえし見るには不向きだし、もともとそういうふうにはできていない。そこで、ＴＶで「ガイアの夜明け」とか「カンブリア宮殿」とかを見て面白いと思ったら、それをきっかけにしてそこに登場する人の本を読んでみるといい。いつも部屋にその人がいるみたいになることだろう。

稲盛和夫を尊敬していたら彼の本を読んで、細部まで稲盛和夫の考えをしみこませてしまう。松下幸之助や本田宗一郎の本を読んで、伸びていった人も多い。

もちろん一人だけでなく、自分はほかにこの人の本もバイブル化しているというものがあると強い。さらに、その本が時期ごとに発展していくなら、自分自身もステップアップしていく。現代では、お金がないから本が読めないということもないのだから。

読んでいる人がいれば読みたくなる。本は、自分一人では読む気にはなれなくても、人からの刺激で読みたくなるものなのだ。

成功している人や面白そうに本を読んでいる人から情報を得ると、「あの人が読んでいるから」と読む気がする。そういう気がしたときにちゃんと本は読んでおこう。

そして、バイブル化する本を一冊は持とう。

技5　誇りをもってプライドを捨てろ

プライドがない人から雇われる

若いうちはプライドが頭をもたげることもある。だが、社会性を身につけ成熟していくとともに、だんだん謙虚《けんきょ》になっていく。経験豊富なのにプライドが高くない人はつき合いやすい。

雇《やと》いにくいタイプの人もいて、そういう人にはいくつかの傾向がある。

プライドが高すぎる。

転々としてしまって一つのことがやれない。

貧乏時代には、やる気や見返す気持ちがあっても、プライドだけは低くしておくことが重要である。見ていると、「おまえ、この状況でプライド出しているばあいじゃないだろう」

ということがある。「選べる立場じゃないのに」と思うときがある。

「誇りをもってプライドを捨てろ」

そこのところから、たたき上げていくしかない。

何度も言うが、仕事はタダだったらやらせてくれる。チャンスをつかまないことには、次へ進めない。そのチャンスというのはタダでサービスするとつかみやすい。チャンスは一つつかむと、つながっていく。いい働きをすれば、評判は広がる。

最初に人脈を作るため、チャンスを得るためには、この言葉が言えるかどうかだ。

「タダでもいいから勉強させてください」

「最初は役に立たないかもしれませんが、必ず『よかった』と思ってもらえるよう**全力でがんばります**」

勉強させてもらうと言えば、安く使われてしまうことだってあるかもしれない。けれど、そういう気持ちをもっている人から順に、次のステップで使ってもらえる。

ちょっとした仕事で出会った人が、他の仕事をしているということもある。それがきっかけで、正社員になっていくというステップもある。新卒で就職できなかった「いばらの道」は、そういう形で修行して乗り越えていかないといけない。それは、学校では教えてくれない道である。

まずは、すごく低い条件で食い込む。ひとまず食い込んでみることが大事だ。安くても働いてみると、知り合う人が増える。そうするうちに自分で仕事を選べるようになる。チャンスをもらっているのに、自分で投げてしまう人が多い。仕事がつづかない。その原因としては、プライドがじゃましているということがある。

危険なワードは、「自分探し」「自己実現」「プライド」「自分らしさ」「やりがい」というものだ。そういう「仕事の意味」「意義」がじゃまをする。下手すると、「自分の向上に役立たない」みたいなことを言って縁を切っていってしまう。プライドとセットになると、「向上」という言葉がマイナスに働くこともあるので、注意が必要だ。

「食っていく」ことがリアルではない世の中で、気がついたら食えなくなっているというのがいちばんこわい。

仕事の種類によって、やりがいがあるかないかを、あまりにも決めつけすぎていないか。この種類はやりがいがあって、この種類はやりがいがないと決めてしまうと、「この仕事はこの種類だからアウト」となってしまう。

どんな仕事であっても、やり方次第だ。

重要なのは、「どういう」仕事か、ではない。

どういう仕事であれ、「どうやる」か、だ。

プライドを捨て、謙虚にいい仕事をする人にだけ、道は開ける。

仕事があるのはありがたいこと

二〇〇八年のリーマン・ショックに端を発する今回の大不況により、仕事があるだけでありがたいとわかった人が多いと思う。

私なんか世間からは安定しているように見えるかもしれないが、かつて不安定どころか、とっかかりさえない状況だったことがある。それだけに、いまこのような状況にあることが貴重だと思っている。

私の知り合いに、主婦で子育てしながら働いている人がいる。一家はその人の収入で暮らしているが、あるとき転職したいと言い出した。いまの会社は人間関係がよくないからだという。

「転職しないほうがいいんじゃないの、辞めてから仕事を探すって、リスクがあるから」と私は言った。そうこうしているうちに、この大不況に陥《おちい》った。

その主婦の人は、「ほんと辞めなくてよかった。あそこで辞めていたら絶対に仕事はなかった」とほっと胸をなでおろしていた。

人は、世の中の調子がいいと、それに安住してしまいがちだ。ついつい文句が出てきたり、ステップアップという考えから、次が決まっていないのに辞めてしまったりということもよくある。辞めてしまったあと、どれだけ大変かがリアルじゃないのだろう。リアルじゃないというところが実にあぶなっかしい。

リスクの高くなっている社会だからこそ、「落ちない」慎重《しんちょう》さが必要だ。ある程度の安定はあるけれども、不満があって会社を辞めたいと思っているという人こそ、貧乏モノをベッドの前にずらっと並べてほしい。そして、寝る前に読む。

「贅沢は敵」「オファーは断らない」。そう思って眠り、翌日、会社に行ってほしい。

勤め人でも、これからはフリーランス的な状況に置かれる人が増えていく。

正社員とはいえ、契約的な雇用を結ぶことが多くなるだろう。そういう社会で、自分の勤めている会社が一人リストラしなければいけなくなったときのことを考えてほしい。

会社はどういう人を切りたくなるだろうか。

答えは簡単だ。雇う側は、いろいろ注文をつけてくる人を切りたくなるものだ。「喜んでやらせていただきます」という人を残す。もちろん、そういう人も、心の中では不満がある。給料が低いとか、人間関係がいまいち、とか。しかし、「喜んでやらせてもらいます」と言うと、仕事は自然に来る。常に、自分は「このぐらいもらわないと仕事をしません」「このレベルの仕事はできません」という高い基準をもつ人には、仕事がまわってこなくなる。

プライドの高さが、みずからのチャンスを失わせることになるのだ。

メンタリティが「キング」

サッカーのJリーグも、年俸《ねんぽう》の高い選手からリストラするのは常識だ。年俸の高い選手を一人切れば、若手が三人雇える。それがあまりにも横行《おうこう》してしまっているので、おかしいんじゃないかと思っているベテランの選手もいる。いきなり契約を切るんじゃなくて年俸を下げてくれ、若手と一緒でいいからやらせてくれ、と言いたくなる人もいるらしい。

日本では、年配者にはある程度の給料を支給、若い人は安くていい、となりがちだ。

安い＝若いという考えがあるから、年齢がいって高い給料をとるようになると、チームは若返りをはかる。

カズこと三浦知良《かずよし》選手でさえ「契約金ゼロ円」を出されたことがある。カズは高額の年収の時代があった。年収だけでなく華やかさと存在感で、「キングカズ」と呼ばれた。そのあと、契約金ゼロ円を示された。カズはチームが変わってもいつも、そんなに高い年収でやっているわけではない。注目度も低いところでやっていたことがある。それでも「キングカズ」という称号がいまもあるのは、メンタリティが「キング」だからだろう。いばっているというのではなくて、純粋にサッカーが好きで、プロ中のプロとしてプレイする。

カズはかつてブラジルでプロになった。十代で頂点をきわめているのに、四十歳になってもまだ、条件が悪くてもサッカーを続ける。ある意味、プライドはない。それがキングと呼ばれるメンタリティだ。給料が低くなっても続けたいという姿勢を見せていると、雇いやすい。「そんなに安くてもいいなら、じゃあベテランの良さを若手に伝えてくれ」となる。

リストラされる人、されない人のちがい

オファーがあっての仕事だという感覚は、これまでの会社員の人はあまりもったことがないのではないか。

しかし、**会社員にもいまの時代はオファー感覚が必要だ。**仕事というのは、オファーがあって初めてできることだ。それは会社に勤めていても同じなのだ。

オファーがあるうちは仕事をさせてもらえる――会社の中でもその感覚を忘れないでいることが重要だ。会社にいながらフリーランスというか、安定しながらフリーランスの気持ちでいると、けっこう強い。いざリストラというときでも残されるタイプになる。会社員という安定の中に安住していない感じが大切なのだ。オファーをもらって働いても給料が変わらないのが会社員だが、そうは考えない。お金というより、生き方の問題になってくる。

「一寸《いっすん》先は貧乏」というのが、フリーランスの心構えだ。

自分にオファーがあるうちが華なんだと思って、仕事の経験値をアップさせていく。それが将来的なリスクを減らすことになる。信用を得る、経験が増える、こうした信用と経験値がすごく大きい。経験値があれば次に行っても仕事があるし、信用があればくびを切られにくい。

目先の金額ではなくて、とにかくオファーがきたらやる。安定しているときから、フリーランスの感覚を磨《みが》いておくことだ。

大学の新学期一回目の授業でも、「**自己実現はリスクが高いんだよ。君たちがめざすべきは他者実現だ、そこから道は開けるからね**」と言った。

仕事をゲットするという感覚や、オファーで仕事をしているという感覚があると、自然、どうしたらオファーが来るのか、を考えるようになる。

会社員で、「次に自分にオファーが来るか」と考えている人なんて、少ないのではなかろうか。むしろ、「できるだけ自分にふらないでくれ」という感じだろう。その会社の中で、どうやって自分にオファーが来るのかを考えていれば、リストラ名簿の中でリストラされにくい順位になる。

リストラされる人に罪はないと思うけれども、会社が何かの基準で捨てざるをえない状況にあるとき、自分の給料が自分の仕事に見合っていない、それでリストラされるという空気を感じたら、「二割カットでお願いします」くらいのことを伝えてみる。

もちろん、いきなりのリストラは裁判モノだ。その場合、交渉というのが必要なのだが、売り言葉に買い言葉で「じゃあ、辞めてやる」と言ったことが一生の不覚《ふかく》になったという人がいた。頭に来ることをされて、「そんな会社辞めてやる」と、自分でサインしてはんこを押したという。それが大失敗だったと言っていた。

簡単に辞めては、ダメなのだ。粘《ねば》って、「考えさせてくれ」と伝える。考えて、考えて、相談して、辞めないようにもっていく。その条件交渉をすればいい。

互いにリスクをどう減らせるかという観点に立つのだ。

昔は終身雇用だったから、落っこちないよう、みんながその列車にしがみついた。いまはフリーターという存在がいて、みんながどうにか生活できている感じがするから、途中下車してもたいしたことがないと思うのかもしれない。けれども、また社会に戻ろうとしたときには列車は高速で走っていて簡単には戻れないものだ。

そういうゆるい二十代、三十代の過ごし方が認知されてしまっているが、仕事があるというそれ自体にもっと感謝して生きるべきだと私は思う。

幕末武士に学ぶリストラの乗り越え方

幕末武士からは、リストラの乗り越え方を学びたい。

いまは「激動の時代」というが、江戸時代から明治時代へと移ったほどの激動ではない。ちょんまげを結《ゆ》って刀を差していた時代から、とつぜん、「武士は終わり」といわれたおそろしさに比べれば、自分の置かれている環境もましに思えるのではないだろうか。

その時代に武士の意地が、いいかたちで現れる。**新しい時代に対応できなくて、自分で商売できずに終わるのか、五十歳になっていても、「ありがとうございます」と頭を下げるのか。**

『幕末下級武士のリストラ戦記』（安藤優一郎、文春新書）には、幕末、幕府が瓦解《がかい》するなか、失業の危機にもさらされた武士がどう生活したのかが書かれている。この本に登場する下級武士・山本政恒《まさひろ》は、度重なる失職を経験している。明治七年に失態をおかし、浜松県の県吏《けんり》の職を失う。そのときは、お祭りで売っている張り子のお面を作る内職をしたり、金唐革紙《きんからかわかみ》作り、煙草《たばこ》切りなどの内職をして糊口《ここう》を凌《しの》いだ。内職は、武士にしてみれば面目は立たないものだ。しかし、背に腹は代えられない。この「柔軟さ」は私たちも学びたいところだ。ちなみに、この人は子どもが多く、十一人いる。

その後、明治二十三年まで群馬県吏を勤め退職。そして、五十歳のとき、「再就職は困難」とあきらめ、熟慮の末に商売にチャレンジする。当時、「士族の商法」と呼ばれ、元武士の商売ほどうまくいかないものはないと言われていた。しかし——。

往来の人に対し笑顔を作り、世辞を言ひ人を引入るゝ事《る》を勤め、客への応対も丁寧に有《あ》りがとふの捨《す》言葉《て》も上手になり、幸ひにて繁昌せり。

（一七〇頁）

お世辞やありがとうを言うこともできるようになって、なんとか成功して、最後に自分史を書いたという。

いっぽう、趣味ではお金のかからないキノコ採りや釣りなどのアウトドアライフを楽しんでもいる。貧乏の楽しみという意味でも、キス釣り、キノコ採りなどお金のかからない趣味をもちつつ、五十歳になってリストラされるというときに、みずから商売へチャレンジしていった。

この人は武士とは思えぬ柔軟な心をもっていた。武士だという誇りはもちつつも、「こんな仕事、やっていられるか」とはならない。

誇りはあるけれど、ムダなプライドはない。

武士としての精神の誇りはもっているが、変なプライドはもっていない。そのバランスがいいのではないか。

この人は、士族の商法は失敗するといわれていたけれど、すぐに「ありがとうございます」と言えるようになっていった。それ以前にも、内職をやったり、自分で生計をやりくりしている。武士というと絶対に何かを譲らないという感じがするが、そうではない人もいたのだ。彼がリストラ後もうまく生きていけたのは、プライドを捨て、誇りをもって生きていたからこそだ。

これは、しぶとくて柔軟な生き方の代表例といえる。

「変なプライド」がいちばん厄介《やっかい》だ。自分はこんな仕事をする人間じゃないとか、こんな仕事のために会社に入ったんじゃないとか。プライドがじゃましているということで苦しくなってしまう。

私は学生に、「明治大学というのは、いい意味でプライドがないのがいいところなんだから」と語る。「自分にこんな仕事をさせて」なんて思わないように、と。プライドを出した時点で、うまくいかなくなる。とりあえず誇りはもっていていいのだが、プライドは低くしておくことだ。

技6　貧しても鈍しない

なぜあの人は門前払いされるのか

「貧《ひん》すれば鈍《どん》する」という言葉がある。鈍くなり、やさぐれてしまったときに、その心のもちようが、外からもわかるようになってしまうということだ。それがいちばんこわい。

ふつうの生活をしている人にはわかってしまう。それで定職につこうとしたとき、採用・不採用の、最初の印象が決まる。

たとえば、自分がだれかに家の手伝いをしてほしいとなったとき、その人に何かをまかせることになる。家にお金が保管してあったとして、その人は絶対盗まないだろうという信用がほしい。それが、いちど社会に対して「どうでもいいや」感をもってしまった人には、何をするかわからないこわさがある。その人が盗みをするなんて、毛頭、そういう関連性はないわけだけれど、それを私たちははっきりとは予測できない。

では、何で測るかというと、その人が社会に対してやさぐれていないかどうかだ。社会に対して恨《うら》みをもっていたり、どうでもいいやと思っていたりすると、社会のルール全体もどうでもいいと思うだろう。だから、あるとき突然いろんなものを持ってずらかってしまいかねない。

そういうことが昔もよくあった。一所《ひとところ》にいつけないで、金品を盗んで流れていく。そういう人を流れ者といった。

採用面接のときは、ここにずっといるつもりで責任を負う人なのかどうか、そういうメンタリティをもっているかどうかというのを空気で判断する。人を雇うときは、とても勇気がいる。だから、雇う側の人は、そういう空気の人はとりあえず避けておくという判断をする。

そういう空気の人の中でも、まじめな人はいる。チャンスを与えるべきというのは当然そうだが、雇う側から見ると一度はずれてしまった人の発するにおいには敏感、というのが実情だ。

はずれてしまった人は、自分のことなので自分の発するにおいがよくわからない。昔の自分のイメージもあるし、昔はちゃんと働いていたし、ちゃんとした学生だったし、という思

図2

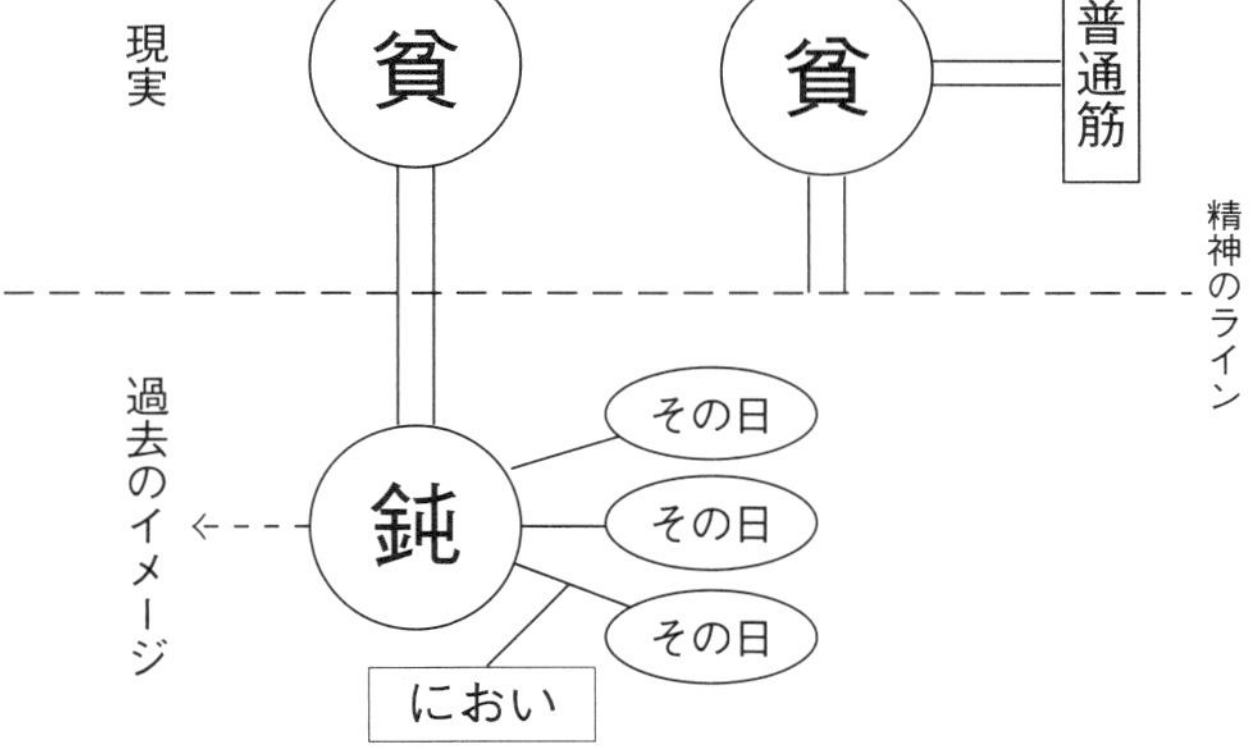

いもある。自分に関しては、過去からの延長線上で見ている。

つまり、自分はいままでの自分と重ね合わせて見るけれど、他の人はその瞬間のその人を見る。過去に学生だったとか、ちゃんとした会社に勤めていたというのは、半年そこから離れているだけでも、スポーツをやめると筋力ががっと落ちるのと同じで変わってしまう。「普通筋《ふつうきん》」があるとすると、普通筋の筋力が落ちて、ふつうの空気が出せなくなっている。

見た目に現れるから、見た目だけは整えておくというやり方はもちろんある。昔だと、靴だけはちゃんとしておく、いざというときのためのちゃんとしたスーツだけは持っておく、という準備は当たり前だった。それは社会に復帰するための武器、みたいなものだ。一張羅《いっちょうら》でいいから、そういうものだけはきちんとしておくということは、みんなが貧乏だった時代は当然の心がけだった。いざというときにちゃんとした格好をしていないと、見くびられてしまうし、門前払いをくらってしまうからだ。

人間関係だけは貧しくならないこと!

私の大学の卒業生の中に、大学院に行ったが合わず、教師にもなかなかなれない人がいた。一時は日雇い派遣になって、あぶなくやさぐれるところだった、と彼は語った。日雇いになったときは、勉強する気になれない。時間がないというだけでなく、疲れもするし、上に向かって努力しようという気持ち自体が薄れてくる。その日稼いでその日を暮らすというサイクルが、構造を変えていこうという向上心に水を差す。

これはオファーがあって仕事がきて、保障がなくてもがんばってやっているというフリーランスの仕事と似ているようで、全然ちがう。フリーランスの仕事は、オファーがきて何日間かでまとめて働いて、まとまったお金がもらえる。収入が少なくても、自分の仕事に対しての誇りをもちやすい。

日雇いは自分が行かなければ他の人が入るだけだ。だから、誇りがもちにくい。特に、一日一日という単位で暮らすというのが、先を見ないメンタリティを作ってしまう。

その卒業生は、そのようなとき何がよかったのかという話になると、**大学時代につきあっていた友だちでふつうに働いている人たちと連絡をとることで、ふつうの感覚を維持することができた**という。

ふつうに働いている友だちと話すとき、自分がいま状況がわるくて無職、日雇いだと、話しにくくなってしまう。

だけど、メールなどでやりとりがあって、向こうが「こんな状態だ」と話してくれると、自分はどっちのグループなのかと、所属感というものがはっきり意識される。それによって、ちゃんとした仕事や一年という単位で定職につくモチベーションが上がって維持できる。

貧しくなることのいちばんの危険は、人間関係が貧しくなってしまうことだ。自分の周りに同じような状況の人しかいないと苦しい。

同じ状況の人といっても、たとえば浪人のときのような「大学をめざそう」という目標があり、がんばる仲間のいる状況ならいい。そうではなく、「このまま抜け出せなくてもいいや」という人しか友だちがいない、そういうところしか知り合いがいない、というのはよくない。

そういうところでは、人が強く結びついているというより、たまたま集められて連れていかれるだけなので、職場の恒常的《こうじょうてき》なつきあいはない。バラバラな感じで過ごしている。情報交換があっても、みんなが生活に汲々《きゅうきゅう》としているので、それが身体からしみだしてしまう。

貧乏から抜け出そうとしていくときには、モチベーションを維持して、それを上げていくつきあいを維持することが大切だ。

人間関係がその人の心の素地《そじ》・土台を作るのだ。

期待できない状況がつづくと

湯浅誠著『反貧困』(岩波新書)のなかで、三十四歳の男性が相談にきた話がある。その男性は、何度となく「自分はいまのままでいいんスよ」とくりかえしていたと言う。いまの自分でいいと。これに対して著者の湯浅さんは、「自分はいまのままでいいんスよ」という言葉は「典型的な自分自身からの排除」だと言う。

その男性はこれまで、だれかが自分の人生をなんとかしてくれると期待できなかった。なんにも期待できなかった。それが続いてしまって、「このままでいいんスよ」という言葉になったのだ。

三十四歳の健康な男性がネットカフェで暮らしていて、「いまのままでいいんスよ」と言っていると、人の反発を買う。でも、この人は社会に対して期待することができなくなっている。だれも何もしてくれない世の中なんだと結論づけているように見えたという。

そうならないためには、「溜め」を作っていかなければ、と湯浅さんは言う。

たとえば、親が「いい学校に行って、いい大学へ行きなさい」と言っている家は溜めがある家だ。「いい大学へ行くなんて、そんな生き方がなんだ」と言う若者がかつてはいたが、それはのんきな時代の話である。いまは、いい大学へ行けと言う親もいないような家庭がある。親自身も生活が乱れているため、それどころではない。高校を中退してしまう子も少なくない。「中退してもなんとかやっていけるだろう」とぶらぶら暮らしているうちに泥沼《どろぬま》にはまってしまう。

家の期待感も、一つのモチベーションになる。

上昇志向がある家で、「勉強しなさいよ」と言われ、がんばって勉強して、なんだかんだで進学していくというのは非常に恵まれた状況である。それで精神がおかしくなるなんていっていたら、「厚着《あつぎ》をさせたら風邪をひいた」といった、たわ言と一緒で贅沢なものだ。自分のモチベーションは自分だけでは上がらない場合がある。家族や親の期待感は、元来はプラスだ。

親も期待してくれない、自分自身でも期待しない。世の中が何も変わらないのなら、「このままでいいんスよ」となっていく。

モチベーションがひっかかる心のフックのようなものがあるかどうか、もポイントだ。何か言葉がひっかかって、ふとした言葉にやる気が出るという人は、ちょっとした一言や出会いでどんどん変わっていく。安藤忠雄でいえばル・コルビュジエ、矢沢永吉でいえば『人を動かす』をくれた社長さんがそうだ。

そのようなフックがないと、実際に貧乏に落ち込んでいるにもかかわらず、それを力に変えることができない。「このままでいいんスよ」になってしまう。だからといって、どうするという気力もわかない。

社会から求められていないというのがつらい。自由な時間がほしくてぷらぷらしているという積極的な人はいいとして、多くの人はオファーがなく、働くチャンスがない。そんなとき、何かで評価されれば、だれでも次に進みたくなる。そのサイクルに入れないと堂々めぐりになってしまう。そういうときにツテがあるかどうか、コネがあるかどうかは非常に大きなことだ。あれば次のステップを踏める。

このコネ・人脈というものを得るためにも、貧しても鈍しないこと、そして「技５」で述べたように、「プライドを捨て、誇りをもつこと」が大切だ。

大家族主義でいこう

地元静岡ではだれがだれの子どもであるということをみんな知っていた。大人たちに守られている感じがあった。ところが、東京に放り出されたとたん、突然独りぼっちになった。浪人生だし、ますます、だれも何も評価してくれない。

「けっこういい高校行ってたんだけど」と思ったところで、話すきっかけもない。だれも聞いてくれない。行く場所もない。

行くところがないので、私はアジアの人がやっているお店によく行った。スリランカ、ネパール、ベトナム出身の人たちのお店に行くと、とてもやさしくしてくれる。

子どももいて、無職、親戚もいない、そういう状況でも、東京ではだれも助けてくれない。お店に行っても、子どもが一歳とかで、がちゃがちゃしていると、嫌われるところが多い。

けれど、アジアのお店はみんな受け入れてくれた。

アジアはいい。

なぜいいかと考えると、アジアは貧しさが当たり前の大家族主義だからだろう。そういう空気がもともとあるのだ。

それで、貧乏な時代、疑似《ぎじ》大家族主義をやっていたことがある。学生を集めて餃子《ギョーザ》を焼いて、食べて、酒を持ち寄る。夜八時くらいから、夜中の三、四時まで人が集まりつづけて、二十人、三十人と、どれだけ人がいるのかというくらい来る。すると、そこに、みんなが寝泊まりする大家族的な、アジアのもっているあたたかさが生まれた。

アジアにも救いようのない貧困もあるが、それ以上の生活水準になると、大家族主義でフォローする。貧しいながらもみんな助け合うのだ。

日本でもかつてあった。「居候」がその典型だ。私にも、自分がアパート一人暮らしなのに居候がいたくらいだ。「居候　三杯目は　そつと出し」という川柳《せんりゅう》があったが、居候はご飯まで食べさせてもらう。居候生活というのは、昔でいうと書生さんである。

昔は若い有望な人が地方から出てきたら、書生さんとして家に住まわせていた。それも「同郷《どうきょう》」というだけの簡単なツテでいい。学ぶための人、学ぶ意志がある人を自然にいろんな家が受け入れていた。書生さんは手伝いしながらご飯も食べさせてもらって、寝るところもある。

いまは核家族化のため、家が子どもの教育の面倒をすべて見る。そのため、東京の大学に来る人は東京近辺の出身者が増えてしまった。七、八割が東京近辺。明治大学は、かつては地方の人が出てきた大学だったが、私が勤めている十五年間でも、東京近辺の学生が増えてきた。東京で暮らすこと自体にお金がかかるからだ。

私は地方出身者だからこそ、四年間くらいは東京にいたほうがいいと思う。ときに、「東京のばかやろう」と叫んでみたりしながらも、東京が好きでいるという時期、そういう相反する気持ちがエネルギーになるのだ。

それが「上京力」だ。

ところが、地方から出てきても、書生を受け入れる度量をみんななくしてしまった。少人数の自分の家族を守ろうと必死なのだ。

昔のほうが経済的な余裕はなかったはずだが、書生一人にご飯くらいは食べさせてあげていた。ご飯を食べさせるというと、いまは「米の飯」という意味では、米もそんなに高くないし、不可能ではないはずなのだが。

米の飯が食べられないのが貧困だが、そういうわけではない。ご飯の二、三杯、食べさせることはできる。しかし、サラリーマン家庭の年収八百万円から一千万円くらいの家庭が、書生さんを受け入れるなんて話は聞いたことがない。地方から出てきた学びたい人が自然にいられる場所がない。寮も奨学金もあるけれど、多くはない。

東京にそのまいつくかどうかは別にして、学びやすい環境をもし東京に作るとすれば、そういう人を大量に受け入れる「**書生制度**」がいい。書生を一人受け入れていると税制優遇があるといい。

書生制度で、たいへんな控除が行われるとなると、みんなが引き受けたくなるだろう。そうなれば、もう一人家族ができて家族も活性化するだろうに。

昔はそういう習慣があって、大家族に慣れていた。そんなに贅沢しなければ、いまでもやっていける話である。

「親戚の○○ちゃんが東京に来たいんだって」

「じゃあ一部屋空《あ》いてるし」

こういう会話ができるだけで、なんだか楽しいではないか。

太宰治の「没落」を力に変える技

育った家はそんなに貧乏じゃないのに、いま自分にはお金がないという「没落《ぼつらく》」感があると、それがエネルギーになる。太宰治《だざいおさむ》なんて没落感の塊《かたまり》だ。

おぼっちゃまといわれる家に育って、女中さんなんかがいる。小説中の主人公とかぶることも多い。『黄金風景』の主人公などは、「女中をいじめた」と語っている。

太宰は、おぼっちゃま育ちなのに家督《かとく》は相続しないという立場で、兄弟の下のほうである。扱いはおぼっちゃまなのに、実はなんの保障もないという、典型的な「没落系」だ。『斜陽《しゃよう》』も没落家族の話だ。

金持ちだった人がだんだん貧しくなっていく。しかし、貧しいんだけど、貧乏貴族みたいなもので、輝きを失わないところがある。

太宰のなかに没落していった自分への思いやコンプレックスがなかったら、ここまでの作家になれたかというと、なれなかったような気がする。太宰は、没落の加速度を力に変えた。そして、落ちていく速度を何に変えたかというと、**人間を見きわめる力**にした。

作品を書き上げるのには粘《ねば》りが必要だ。粘るのには力が必要で、そこに没落のエネルギーが一つある。

　おぼっちゃまから転落するという没落のエネルギーだ。

「ひとかどのものにならなきゃいけない」という使命はある。事をなさなきゃという思いもある。本当の貧乏の家ではなく、もとはお金のある家の出だから、いっそう期待感がある。周囲の自分への期待感を自分自身への期待感に投影して、自分自身への期待感はもっているけれど、実際は何もない。だから自分の力を証明したい、しかもみんなにわかることで証明したい。だけどお金儲けで証明するのではない。そのへんがむずかしい。芸術をしなきゃいけないのに、なおかつお金もある程度必要だから。

　金銭的に成功するだけなら、話はシンプルである。だが、たとえば学者で立派な仕事をしたいのに、金銭的にもある程度成功したいという思いがあると、ある時期、矛盾してしまう。太宰のような芸術家には常にその葛藤《かっとう》がつきまとう。たとえば大衆小説を書いたほうがありやすい。純文学の作品なんて、よほどのことがないかぎり読まれない。そう考えると、何かがほしい。力の証明になるものがほしい。だから、太宰は、芥川賞がほしかった。それが力の証明になって田舎にも示せるし、自分にも自信になる。ということで、川端康成のような有力者に手紙を書いた。

あれだけ実力があれば、芥川賞どころかノーベル賞をとってもいいのではないかと思う。『人間失格』なんてタイトルだけでノーベル賞ものだ。

この人の場合、生き方と作品が連動している。人望をなくすとか、いろんな意味で貧乏的だ。貧乏だけど力をこめる場所があったから、どれだけ荒れていてもそこに力を注《そそ》ぐという生き方をした。だから、生活を立て直して、作品を書く、そしてまた死にたくなるけれどまた書く。

すぐに死にたくなるくらい生きるモチベーションがあがらない人でもあった。女にもモテているんだから、いいじゃないかという意見もあろう。お金と異性という二つの貧乏のうち、一つはクリアしているのだ。おおもとは金持ちなんだから、一・五くらいクリアしている。だが、太宰には、〇・五くらいのいまの認められなさ、不遇が大きな負担になっていた。こんなにモテているのにまだ苦しい。そういう思いを全身で背負っている。

太宰のように、家は貧乏ではないが、自分が放り出されたときすごく貧乏になって、そのギャップでとまどうということは、たしかにある。

そういうときは、その逆境や没落感をエネルギーに変えることだ。その際大切なのは、**没落しても心だけは荒れない**ことである。

中原中也の「悲しみ」を感じる力

中原中也《なかはらちゅうや》もそうである。中原家の期待を背負って東京に出てきた。幕末維新のころに中央に進出してきた山口県の出身だから、立身出世を絵に描《か》いたような土地柄だ。長州のそうした雰囲気の中で、中原一家を背負って成功しないといけなかった。

森鷗外《もりおうがい》は、成功して森家の屋台骨《やたいぼね》を背負いつづけて、陸軍医としてトップになり、作家としても成功する。スーパーエリートだ。すごく若いのに年齢をごまかして大学に入ったくらいだ。

中原中也はその点、勉強もいまひとつ。詩人として生きるというが、お金はかぎりなくない。貧乏で、恋人も小林秀雄にとられてしまう。精神を病んでいくが、彼が生涯もっていたものも、太宰と同じく「故郷に見せたい」という思いだ。

「帰郷《ききょう》」という詩がある。

柱も庭も乾《かわ》いてゐる
今日は好い天気だ

縁《えん》の下では蜘蛛の巣が
心細さうに揺れてゐる

山では枯木も息を吐く
あゝ今日は好い天気だ
路傍《みちばた》の草影が
あどけない愁みをする

これが私の故里《ふるさと》だ
さやかに風も吹いてゐる
心置なく泣かれよと
年増婦《としま》の低い声もする

あゝ　おまへはなにをして来たのだと……
吹き来る風が私に云ふ

最終的には消された言葉の中に「市庁舎」とあった。出世と無縁に見えた中也でさえも、立身出世というものはあったし、背負っていたし、名が上がらない貧乏である状態にもがいていた。

もがいた時期の焦りを、人間を見る目という文学的な営為《えいい》に注いだことで、日本のランボーのような存在になった。

こうした中也の「悲しみ」は、子ども時代になじませるのがいい。

「汚れつちまつた悲しみに　今日も小雪の降りかかる」という中也の詩を、私が総合指導をしている教育テレビの「にほんごであそぼ」でやってみた。

なぜ幼児に、中原中也なのか。

それは、**子ども心に「悲しみ」という感情は知っていたほうがいいから**だ。それがゆくゆく生きていくうえで「溜め」に結びつく。

子どもは「楽しい、楽しい」だけで、ゲームをやって大きくなるのではなく、悲しみについても聞いておくほうがいい。「悲しみに　今日も小雪の降りかかる」だけでも、なんとなくイメージがわく。

幼児期にこのような言葉にふれているだけで、人間の心には振幅《しんぷく》がある、悲しみにも情緒《じょうちょ》というものがあるということを学ぶことができる。ただ悲しいわけではなくてそれを慈《いつく》しむような気持ち、自分の悲しみを抱きしめるような気持ちがある、そういうところに情緒が生まれる、情緒の基本は悲しみなんだ、とわかるようになる。

いま、「悲しみ」というのが少ない。悲しいことがあっても、それが情緒にまでならない。悲しいことがあると、すぐ荒れてしまう。

荒れた気持ちではなく、**透明な悲しみ、濾過《ろか》できる感情**を、幼児期に種として入れておきたい。その悲しみも、お金があってすべてが満たされていたならば、中也から言葉として出てこなかったはずだ。

中也の言葉は、世に認められない、貧乏でどうにも行き場がないようなところから生まれてきた言葉であるが、世を恨むような言葉ではなく、透明感がある。

「思へば遠くへ来たもんだ」というフレーズだけでも記憶される。「サーカス」の「ゆあーん　ゆよーん　ゆやゆよん」の言葉の精神世界も貧しさの力であると思う。

この時代、日本の文学でも、ある種の没落感をもっていた人たちはいいものを残している。彼らは文学者で、文学作品へと貧乏を力に変えていった。だが、貧しくなっているという実感が本当にあれば文学者でなくても、貧乏を力にできる。

そのためには、太宰や中也のように、自分自身に期待をかけることだ。そうすることで、やる気のスイッチが入り、「没落感」「悲しみ」もエネルギーへと転化する。

武士は食わねど高楊枝

「武士は食わねど高楊枝《たかようじ》」という俚諺《りげん》がある。

武士なのに貧乏、貧乏だけれども武士である。だから、決して「貧しても鈍しない」。武士であるがゆえにがんばれたという話がある。

武士がなぜ貧乏かというと、収入より支出のほうが必ず多くなるように社会構造的にできていたからだ。支出が多いというのは交際費が多いからだ。交際費が多い理由は、結婚式や葬式、正月などに必ず金品のやりとりをしたためらしい。

そのやりとりがあまりにも一年のあいだにはげしくて、たいへんな回数の儀式がある。そして、必ずお金が出ていってしまう。収入のほうが少ないから借金をしなければいけない。

借金がふくれあがってどうにもならなくなった武士の猪山《いのやま》家が、あまりに困って一からやり直そうと家計簿をつける。その家計簿がおそろしいほど緻密《ちみつ》だったので、武士の生活がほとんどわかったという（磯田道史『武士の家計簿』新潮新書）。

この武士は会計のプロだった。会計のプロのくせに自分の家が破産しかかっていたため、これでは社会的信用がなくなってしまうと、はき出すように借金整理を始める。家族全員が所持品を全部差し出した。その売却リストが神田の古書店から見つかったそうである。

それによると、奥さんやお母さんの売却したものは、服であった。

ほかには、書籍が高く売れた。「四書」は、いまでいうと二十二万円くらいになったという。茶道具も百万円くらいで売れた。全部で千二十五万円くらいになった。

これでも返せない借金だけれど、全部売り、不退転《ふたいてん》の決意を示したことによって、債権者《さいけんしゃ》にも痛みが伝わり、元金の四割を返済し、残りを無利子《むりし》十年賦《じゅうねんぷ》にしてもらうことになる。

ここで利払いの圧迫からついに解放される。「全額ではないが、ここまで払ったし、ほかの人も全部売り払ったんだから助けてあげよう。一生懸命返そうとしているんだから」と親戚が助けてくれたところから復活していくという切実なる物語である。

エリート武士でもこうなっていくという状況だった。

借金を踏み倒さずに家族会議を開いて整理したというのが立派である。金利は十五パーセントでかなり高い。ふつうの借り入れは、十パーセントから十二パーセント。藩士は信用がないため、高くなる。殿様に対してはもっと安い金利だったようだ。

こういう武士の貧乏は、哀れに見えるような話だが、それも**武士であるから汚いことはしない。**武士だということが、ぎりぎりの心の支えになっている。

この猪山家は、貧しても鈍しなかった。だからこそ、最終的に債権者からも信頼を得たのだ。

報告できる相手をもつ

ベストセラーになった『ホームレス中学生』(田村裕、ワニブックス)でも、盗みをしそうになった場面で、「あの日、もしパンを盗んでいたら、僕の人生がどうなっていたかを考えると、ぞっとする」(二八頁)と、心の支えであったお母さんの存在が止めてくれたというくだりがある。人間は、精神の歯止めがないと、どんどん落ちていってしまうということがある。

私のところの学生でも、「いままで職についていてなくて先生に顔向けができなかったんですけど」と言う人がけっこういる。そんなに気にすることないのにな、と思うのだが。

考えようによっては、私に報告をするというところまで自分をもっていきたいと思っていて、そういう思いで仕事をしているというのはいいことである。

報告できる相手をもつというのが貧乏を抜け出していくときに大切なことだ。だれかに見てもらっている、気にかけてもらっている、ここまでできたらその人に報告をする。自分のおかあさん、天国のおかあさんでもいい。

矢沢永吉の場合も親戚を「見返したい」というのがあったが、あれは広い意味での「報告」なのかもしれない。ずいぶん攻撃的な報告ではあっても。

というのは、矢沢永吉は東京に出ていくときに**親戚まわり**をしているのだ。親戚をまわって「いまから東京に行きます」と挨拶《あいさつ》をしている。

いまの人たちには、親戚に挨拶など考えられないだろう。時代もあるだろうが、彼の場合、ある種、宣言みたいなものだ。「ばかにしてたでしょうけど、おれが一旗あげるのをいつか見せてやる」という事前の報告みたいなもの。そういう思いがあれば、モチベーションは自然と上がる。

それは、たとえば離れている人でもいい。「自分が世に出たらわかってもらえるかも」という人だ。たとえば、好きな先生、見守ってくれる先生がいたとして、浪人しているときに、いったん縁がなくなっても、大学に受かったときにはハガキを送ろうと思う。それをイメージ化していると、パワーが出る。

私にも経験がある。浪人時代、長嶋先生という先生からの年賀状には「初志貫徹《しょしかんてつ》」とだけ書いてあった。それをもらって燃えた。合格後、報告に行った。年賀状一枚だったが、心強い気持ちのつながりであった。

気持ちのつながりを、できるだけ社会的に成功していたり、心意気のある人ともつのがいい。

そういう人が身の回りにまったくいなくなり、ツテがなくなってしまう前に、ちょっとずつ報告する。年に一回でもいい。

年賀状はいまは惰性化しているが、使いようによっては、「今年の年賀状ではあの人にはこういう報告をする」という目標にできる。論文を書きました、こういう仕事につきました、といろいろな報告ができる。一年一年ちゃんとした報告ができるかというのを目安にしていけば、年賀状も形式的なものではなくなる。

だれか大事な人を心の中にもって、その人にいつか知らせたい。その思いがチャンスをつかむまでの辛抱するエネルギーになる。

貧しても鈍しない。
これは貧乏を力に変えるための土台となる姿勢だ。

技7　明日はわが身と心得る

座右に貧乏モノを配す

貧乏モノのニュースやドキュメンタリーが私は好きだ。

いまならリストラやネット難民のテレビ番組がよく放映されている。私はそれを必ず見てしまう。なぜ見るかというと、明日はわが身と思って見ているのだ。ぜんぜん別世界のものを、対岸《たいがん》の火事として楽しんでいるという感性ではない。

見ては、「あー、あれ買うのやめよう」「あの仕事、やっぱりやるって言おう」「あんまり思い上がっちゃいかん」と思う。そういう番組を見た後は、自分の気持ちが積極的な方向へ行く。

テレビに登場するのは、ぜんぜん知らない人たちだ。

いきなり大手の会社からリストラされて、四十代後半で、探しても探しても仕事がない。あとは身体を使った危険な仕事しかない。それでも面接に行くものの断られる。

そういう人たちを見るたびに、自分も何かの拍子に転がったらそこへ行くと思うのだ。みんなそういう気持ちで見ているかはわからないけれど、私の場合は、その番組をみることで即座に仕事量が変わり、即効性がある。

そういうドキュメントは、本来、社会構造を変えていこうというメッセージなのだが、個人としては、ああいう番組を見てびびらないといけない。自分とはちがうなと思ってしまう人はあぶないのではないか。

たとえば痴漢《ちかん》の冤罪《えんざい》で訴えられたら一時休職とか退職をさせられて、ほかの仕事もなくなる。冤罪ということが最高裁までいかないとわからない。そういう事件を見ていても、自分がこれにはまったら終わりなんだ、一寸先《いっすんさき》は闇《やみ》だと思う。

私の仕事は信用で成り立っているので、私が痴漢だと告発されたら、たとえ冤罪でも全出版社が手を引くだろう。冷たいものだ。しかし、自分が相手の立場であってもそうするだろうという意味で、しかたがない。

そういうときに守ってくれるのは親くらいしかいない。しかしその親もいないような歳《とし》になってくると、そういう事態になっても家族を守るお金はあるかと考える。そうなると、「ムダに使ってしまっているな」と思う。

殺人事件を見ても、自分が殺人をおかしそうだと思うことはない。それはないというか、リアルではない。しかし、リストラにあったり、痴漢冤罪にあったり、というので転がり落ちるという可能性は考えられる。

それなら、いま仕事ができている間にちゃんとしておかなければ、と思う。いまちゃんとするためにも、貧乏だとか悲惨な状況にいる人の情報をかきあつめる。それを燃料にして生きている。

励まされる話には二つあって、一つは、そのような状況から成功した、という立志伝みたいなもの。もう一つは、ある年齢になってから、落ちていく人の話である。

特にドキュメンタリーものは胸に迫ってくる。今日も仕事がなく路上へ帰る、といった話だ。

暗いなどと言ってはいけない。

暗さこそエネルギーになるのだ、と思う。

座右に貧乏モノを配しておくと、気が引きしまるのだ。

貧乏を内側から生きる

是枝裕和《これえだひろかず》監督の映画『誰も知らない』は効いた。現実ではないのはわかっているけれど、映画館で観たあと、あまりにもリアルで、しばらく現実としか思えなかったほどだ。

実話をもとにしているとはいえ、本当に、いまそこで起こっているとしか思えない。公園の水で洗いものをする、コンビニで残ったおにぎりを裏口からもらう、そういった一つ一つのことが切ない。そのＤＶＤを買ってきて見る。全部見る元気がないときは、ちょっとだけ見て、「ああ、もう十分」「貧乏はこわい」ということを胸にしまいこむ。

親のいいかげんさが子どもにどれだけ影響してしまうのか。子どもは親を恨まないものだ。矢沢も親を許せたと言っている。子どもは意外に、親をそうわるくは思えない。あの映画を観ると、それがリアルすぎるかたちで残るのだ。

ああいう作品を家に置いておくと心がひきしまる。

『にあんちゃん』（安本末子、西日本新聞社）は私の座右の書だ。これは舞台が炭坑の街で、一九五〇年代前半という時代背景もあり、貧しいなんてものではない。しかし、そこでも十歳の子がこのような作文を書く。

お父さんやお母さんがいないつらさは、口ではいえないものです。けれど、戦争で孤児になった子供たちとくらべると、りっぱな兄さんがあり、やさしい姉さんがあることだけでも幸福です。

（六六頁）

こういう言葉が十歳の少女から出てくる。本当は自分のことしか考えられないような年ごろのはずだ。

弁当だって毎日持って行けるわけではない。にもかかわらず、にあんちゃん（二番目のお兄さん）を気づかい、にあんちゃんに弁当を譲ろうとする。すると、「そがんことせんで、おまえたべれ」としかられる。それでも「にあんちゃんだって、ひもじいのです。それでも、私を思ってたべないといわれたのです。にあんちゃんがたべなかったので、私もたべませんでした」（三四頁）と語るのだ。先生に対する感謝の気持ち、お兄ちゃんお姉ちゃんへの感謝の気持ちをいつももっている。わずか十歳の子がほかの人へのやさしい気持ちをもちつづけている。

この日記を読むと、真人間《まにんげん》になる。何かがしゃんとする。

真人間というのは大事なことだ。

同書の帯にあるが、まさに「読みたい。この時代にこそ」だ。

貧しさが貧しい人間性を作るということはまったくない。貧しさの中で、こうやってまっすぐ生きていた人がいる。いま、貧しい状態にいる人は、決して忘れないでほしい。

そして、どういう立場にある人であれ、『にあんちゃん』を読んで、貧乏を力に変える精神や感性を養ってほしい。

技8　人生を通してのベースをもつ

テーマをもって仕事をする

成功しても、貧乏からもっと落ちても、自分のベースがあれば安心感はある。**自分のベースを作るというとき、仕事にテーマがあるかどうか、人生にテーマがあるかどうか、は重要なポイントだ。**

『奇跡のリンゴ』（石川拓治、幻冬舎）の木村秋則《あきのり》さんは、「無農薬」という、必ずしもこだわらなくてもいいことにこだわって貧乏になっている。この貧乏ぶりはすごい。娘たちの健康保険料が払えないので、保険証が取り上げられたほどだ。一九八〇年代の話だ。このお父さんの探求心によって、「地獄への一本道を駆け足《あし》してしまったわけだ」（六七頁）。

「収入はどうするなんてことは、もうどうでも良くなっていたのな。そんなことは頭の片隅でも考えていなかった。試してみたいことは、次から次へと思いつくんだよ」

どんな仕事でも自分のテーマを決めたら、貧乏に耐えられる。

仕事においては、テーマを見つけているだけで強い。自分の仕事について、いまこの仕事でテーマは何かと問われたとき、答えられないといけない。

「これはたんなるステップだ」とか「食いつないでいるだけ」と言うと、魅力がない。それでは、引き立てられることもない。仕事は、基本的にはポジションが上の人からもらうものである。その人が、テーマをもって仕事をしているかどうかは見た目で上の人にはわかってしまう。毎回、**芯《しん》になるテーマ**をもっていて、仕事をしていると、一歩抜け出していく感じがする。

割り振られた仕事ではなくて、「その仕事におけるテーマってなんですか」と問われたときに、スパッと答えられるかどうか。これも一つの貧乏力といえる。

二年分の手帳をつなぐ

テーマを明確にするには、手帳が有効だ。

手帳を開き、自分の一週間のテーマを上に書く。一週間、一カ月で何を成し遂げたかを書くのだ。

極端な話、体重を書いていってもいい。日付の下に毎日の体重を書くだけで変わってくる。ここで運動したとか、仕事でこの人に会ったとか、予定の前に準備しておくことを書いておく。書いておくと、この一週間こんなテーマで、と見えてきやすくなる。手帳は予定を書くだけのためではなくて、一週間単位の仕事のシミュレーションをしたり、仕事のテーマをはっきりさせて、一年のイメージをもったりすることができる。

書くことを通じて、一年後には絶対こうなっているぞという強いイメージをもつことが大切だ。

手帳をもって、テーマを書き込みつづけると絶対変わってくる。

私は手帳を去年のものと二冊つなぐことにしている。二年分をクリップではさむと、去年のいまごろ何をしていたかがすぐわかる。今年の手帳だけだと歴史がない。手帳を変えてしまうと、記録がごっそりなくなる。

私の場合は、大学に勤めていて一年がまわっていくので、だいたいこの時期にこういうことをやっておくべき、ということを把握する必要もある。それだけではなく、前の年を見て、自分の変化や歴史を見ると、自分の気が引きしまるのだ。「まだここか」と思うこともあるし、「あのときこのくらい働いていたのなら、いまやらなきゃ」という目安にもなる。

手帳を二つセットにしてから、自分のテーマ性が見やすくなってきた。また、ストレスも、予測がつくようになった。たとえば外国人が初めて日本の夏とか梅雨《つゆ》を経験したら、きっとショックを受けるだろう。でも、毎年のことであれば気にならない。

それと同じで、巡《めぐ》ってくる四季の感覚で仕事をすればいい。ゴールデンウィークまではこうやろう、夏まではこうやろうと、サイクルにしていく。サイクルという考えをもつと、三カ月で辞めてしまうということにはならない。仕事のとらえ方が年単位になる。自然の四季のサイクルのように、仕事を進めていくと、ストレスが少ない。

生物としてのベースをおさえる

ステップアップしていって、ブラッシュアップしていって、イノベーションしつづけるというのは大切だ。同時に、農家の人が種をまいて、収穫をする、あのサイクルを維持するのも立派なことだ。サイクルがある以上、一年の途中では辞められない。辞めないでちゃんと仕事をやり通さなければ、サイクルを維持できないからだ。

短い期間で辞めてしまう人には、仕事を三年サイクルとか、一年サイクルでとらえる視点がない。**気の長いサイクル**が身についていないことが多い。

恋愛でも「つきあって二週間で別れた」という人がいるが、ふつうは半年くらい必要だろう。それが、かなり速いペースで別れる。そこでは、四季は巡らない。一年以上つきあっていると、そこに四季というものがある。もりあがって、夏が来て、秋が来て、冬が来て、ときにはけんかする。それを乗り越えると、冬が来ることにも慣れて、だんだんつづいていく。そういうつきあいのなかで結婚していくのだと思う。もりあがっているときに結婚するというのもあるが、長いサイクルもあると思う。

それを思うと、何かを判断する単位が狭くなっているというか、短くなっている感じがする。それが精神に、かえって疲労感を増やす。**季節は巡るものと思っていれば、冬にも夏にも耐えられる。**会社に行きたくないときもあれば、そうでもないときもある。でも、つづけてきたからつづけようと思える。そういうサイクル的な気長さがあるといい。

それを手帳でみると考えやすい。前年度こうしたのだからと眺めることができる。

立志伝の人たちのような人生は、一つのパターンとしてある。けれど、そんなに立身出世しない人生というのもある。

すごい勢いで仕事をして病気になったとき、「結局これであと何十年かすると、みんな死んでしまうのだ」と考えたことがある。超一流の人生もいいけれど、**ひととおりちゃんと仕事をしてやりがいを見いだす、あるいは、子どもを育ててちゃんと暮らしていく**というのは、生物としてノーマルなことだ。生物としてひととおりやったなという感覚がある。

生物レベル、社会的な生き物としての基本をおさえた生き方はできている、というのは自信になる。「ベースはおさえたな」という人生がある。ひととおり仕事をして、ちゃんと最後まで責任を果たして、自分なりに満足することができていたら、生物のベースをおさえたことになる。それが社会の中でちゃんと動いているということだ。

長生きしましょう

そういうベースをおさえている感じがあれば、その上はもう関係ないのかもしれない。その上がすごく気になるのは三十代、四十代ぐらいのことだ。五十代、六十代になったら、もうひととおり生活していけたら同じことで、上昇しようが、あんまり関係がない。そこから後は急に、長生きしたものが勝ちという競争みたいになってくる。

私は働きすぎて死にかけたことがあった。そのとき、「こんなことで命を落としたら意味がない」と思った。それが三十代ではわからないのだ。まさか自分が死ぬなんて思っていないから。

六十歳をすぎて、どう長く生きているかの勝負になったとき、若いときに働きすぎた人にはこれは不利な戦いだ。身体を一回こわしていると、そういう思いもある。

人生の季節によって、大事なものの比重は変わってくる。

ベース感覚をちゃんともち、そのあとの人生はどんどんギアチェンジしていかなければいけない。やがてギアチェンジの必要が見えてくるけれど、「働くことが苦にならない」というベースが身についていれば、七十歳になっても長生きしながら、ちょっとした仕事ができる。働きつづけることがベースになっているというのはすごいことなのだ。

奄美《あまみ》大島《おおしま》の人とか、中国の長生き村に住む人を見ると、百歳はあたりまえだ。百歳のおばあちゃんが畑へ出て働いている。おばあちゃんの仕事というのはお酒造りだ。必ず仕事があり、働いていることで長生きしている。肉を買いに市場に行くのもおばあちゃん。「脂身《あぶらみ》がいちばん」と言っているのを見て、「脂身食べて百歳超えてるの？」と思った。

働いて、動いていることで長生きできているという面もある。でも、それは無理な働き方ではなく、**自然のサイクルみたいなもので、ずっと動いているから無理がない。**足腰も弱らない。

長生きすることに絶対的な意味はないかもしれないけれども、一つの目標や目安にはなる。長生きするためにはある程度働いていたほうがいい。身体を使っていたほうがいい。食べすぎはいけない。

食うにも困る、三食カップラーメン、それでは長生きできない。独身者より結婚したほうが長生きできるなら結婚しなければとも考える。

ときどきうつになって、いろいろなことがいやになってしまう人がいる。更年期で生きていることがいやになって消え入りたくなるという人がいる。

そういうとき、私は「長生きしましょう」と言う。私も死に損なっているので、「とにかく長生きしましょう」と。

すると、「あの一言で励まされました」と喜びの声が戻ってくる。

長生きは、意外と大事なことだ。

最近は、長生きした人に対して冷たい社会になってしまっている。それは若い人に介護で迷惑をかけるからだが、介護で寝たきりになるのは日本に特徴的なことだそうだ。長寿村では寝たきりの人はいない。

働いて、ちゃんと生活して、死ぬときはがくっと死ぬ。人に迷惑をかけるのは別だが、「長生きしよう」というイメージがあると、見えてくることがある。

楽していると長生きできるかというと、そうでもない。一人でぷらーっとしていたり、寝過ぎたりすると長生きできない。それを聞いて、よく寝る私はショックを受けたのだが、寝過ぎはかえって長生きできない。適度な感じがいちばんいいのだ。

適度に働いているのが長生き村だとすると、**長生きするためには、身体を使って生活にハ**

りをもって、人に期待されていることが必要だといえる。何歳になっても、七十歳になっても八十歳になっても、たとえば幼児に字を教えるとか、家事を手伝うとか、仕事ができるとか。

とにかく長生きするというのが、人生の途中からすごく大事なテーマになる。人からほめられたいとか大金持ちになりたいといっても、財産がある金額を超えると買うものなんかない。買ってもそれほどうれしくない。

健康をお金で買うという人もいるが、それなら最初から長生きという路線で、コンスタントな、一生できる仕事、一生できる趣味をもつようにするほうがよほど大切だ。

趣味を培う

それだけで楽しみは保障される、そういう趣味というものがある。

アインシュタインでいえば、音楽があれば私は生きていける、という。バイオリンを弾《ひ》いているだけで幸せだったという。

運動でも一生できるものがある。私も中学の部活を決めるとき迷っていて、硬式テニス部にしようとしたら、父親がすごく喜んだ。「テニスは歳をとってもできるからそれはいい」といった。しかし、そのときはその言葉は耳に入らなかった。

どう試合に勝つか、無我夢中《むがむちゅう》で練習した。趣味でやっていなくて勝負事と思ってやっていた。しかし、あるときに力量が落ちてきて、勝てないのでいやになってきてしまった。勝てない、下手になっているということにがっかりしてしまって、かなりの時間放っておいた。十五年以上放っておいたら、運動不足に陥ってしまい、そのときに初めてわかった。

一生つづけられるものが必要なのだ。

私の子どもがテニス部に入ったときには、これで私も一緒にずっと打てる、これで私の趣味環境は整った、という気持ちになった。

そういう、一生できるものがあるといい。

音楽などはすごくいい。下手でも自分ができれば一生の趣味になる。一生の趣味にしていると、それがやがて自分の表現にもつながる。

貧乏時代に培《つちか》った趣味みたいなものをずっとつづけていくと、それも一つのベースになる。

人生を豊かにしてくれる楽しみ、継続的なベースが一つ、家族がいるというベースが一つ、そういうベースが三つくらいあると人生はずいぶんと豊かになる。

ベースがある状態にいると、人生の格差についてあまり気にならない。これらのベースとなる収入は大事だが、しっかり気持ちをもっていれば、堅実に金銭の生活設計をやるようになっていく。

人生を通してのベース感覚自体があるかどうか。

仕事もいいかげんだし、家族を作るということもないし、というふうにベース感覚がもてないでいると、同じ貧乏でも心配だ。

技9　かわいがられる（感情に走らない）

むっとした顔をするのは「幼稚」

人間性というと抽象的だが、だれかと面接したり、会ったりしたとき、相手について、どういう感じかという何かしらの印象をもつものだ。

その印象は、具体的に言葉にしにくいだけで、「ちょっと人間的にどうか」というとき、全員が首をかしげる人というのは、けっこう一致している。

私も学生に「おまえは首をかしげたくなるようなところがあるよ」と言ってあげるようにしている。「おまえの人の話の聞かなさ具合は首をかしげたくなるようなところがあるよ」「おまえのちょっとしたことにむっとするところが幼稚なんだけど」と。

教師の立場だから言うけれど、たいていの人はちょっとした幼稚さに気づいても、指摘してくれない。

むっとした顔をすることが「幼稚だ」とはだれも言ってくれない。

「幼稚だって言われて、またむっとしただろ。おまえに言っても俺には得なんて何もないんだけど、この先そのクセを直さないとまずいから言うんだよ」と私は丁寧に言う。

幼稚さをもった学生は、やはり内定がとれない。学力・能力がないわけではない。けれど、幼稚さがだれにでもわかってしまう。

人間性は、そういうところにあらわれる。

そして、面接で見られるのはそこなのだ。人間性がちゃんとしているか。ちゃんとしていれば、ちゃんと働いてもらえるだろうと面接官は考える。

だから、そのベースの人間性を培わなければいけない。

では、そのベースになる人間性とは何かと考えると、「幼稚であるということ」は人間性の大きなネックとなる。

幼稚といってもさまざまな要素があるが、たとえば、「きれやすい」というのがある。幼児は、「こんなおかずじゃいやだ」といってすぐにきれる。

私にもこんなことがあった。子どものクリスマスプレゼントにポケモンのゲームソフトをリクエストされていたが、売り切れていて買えない。別のものを買って渡したら、「こんなものはいらない、捨てる」と言いだす。頭にきて、「そんなことを言うやつは、俺がおまえを捨ててやる」と言って外に出した。そうしたら、子どもは正気に戻って、今あるプレゼントで遊びだした。

あたりまえのことだが、幼児というのは幼児性がとてつもなく強い。そして、すぐにきれる。すぐにいっぱいいっぱいになる。泣く、さわぐ……。

きれる、むかつく、ぷんぷんする、というのは幼児性の表れだ。子どもは無垢《むく》でいい子でだんだんわるくなると言う人もいるが、実際は、子どもはどうしようもない存在なのだ。

ただし、子どもは、二つの要素でカバーされている。「見た目がかわいい」「成長していく」という二つだ。顔が大きくて手足が短いというのはかわいく見える。でもその二つの要素がなくなって、かわいくないし、変わっていきそうもないという大人がいると、もう口もききたくない存在になってしまう。

用事を頼まれるとぷんぷんする。自分のリクエストしたものでないと機嫌がわるくなる。なんでもいいと言っておいてなんでもよくない……。そういう幼児性をもった女の人が好きだという男の人は、もはやいなくなった。

以前はそういう人がいた。ケアしたい、かわいがりたい。ところがいまは、男にぜんぜん余裕がない。だから、「それなら自分で食べに行ったら」となる。女性も幼児性が許されない時代になってきたのだ。

「子ども力」があって幼児性の少ない人に

幼児性が強いと、どうしても表にそれが出てしまう。人間性は、自分の中の幼児性を直しながら育《はぐく》んでいく。日本人は幼児性を嫌うのだけれど、子どもらしさ、純粋さやまっさら感、かわいげといった「子ども力」は好きだ。

これがややこしいところだ。

図３のとおり、「子ども力」というのは、いい意味での子どもらしさを指す。純粋である、喜怒哀楽《きどあいらく》がはっきりしている、向上心がある、好奇心旺盛《おうせい》である、そういう「いきいき感」がある。

子ども力があって幼児性がプラスというのは本当の子どもだ。子どもはムダな動きが多くて、かわいらしくて、好奇心があって、これ面白い、やってみようとなると、わーっと駆《か》け

図3

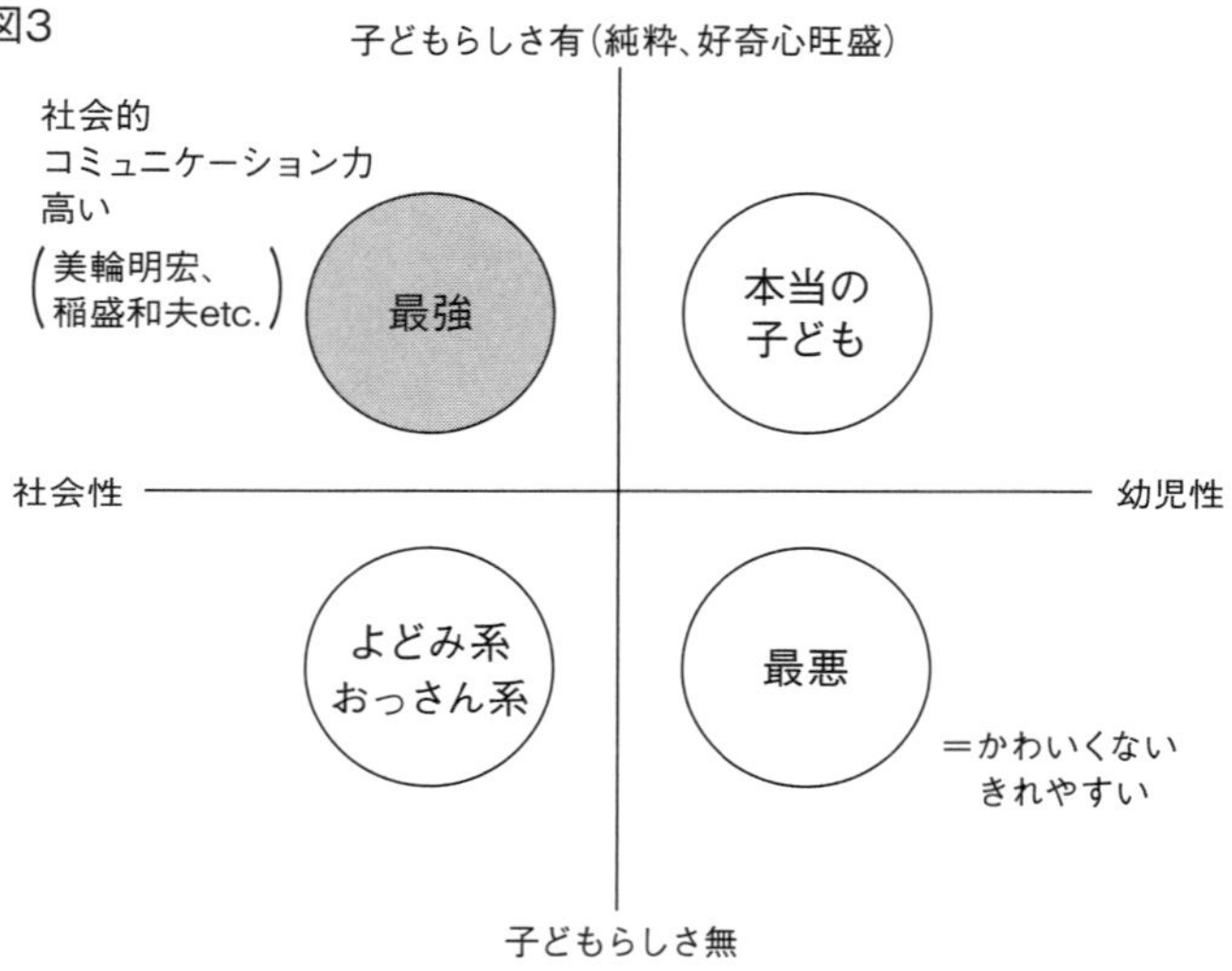

寄る。

子ども力があるのに幼児性の非常に少ない人がいる。**いつまでも子ども心を失わないのに社会性はある。社会性はあるのに純粋性がある。**そういう大人がいる。これは成功者の中に多いタイプだ。

幼児性はあるけれど子どもらしさがないタイプ。これは最悪だ。かわいくないのにきれやすい。すぐいっぱいいっぱいになる、そういうような人には、実際に純粋さも好奇心も俊敏さもない。

社会性はあるけれど、いきいき感はない。「よどみ系」というか、「おっさん系」というか、いわゆる「おとな」ってやつだ。

この差は大きい。

いまの時代は「最悪」のゾーンの人が増えていて、子ども力と幼児性が混同されている。そこを分けて考えて、まず社会性をプラスにもっていくことが第一だ（「最悪」から「よどみ系」ゾーンへ）。

社会性とは、時間や約束を守れるといったルールの部分でもある。相手との立場のちがいによって、敬語を使えるか、社会性があるかどうかは、コミュニケーションのときに出てしまう。

そういう立場性、状況を理解して発言できれば社会性があるとされる。この社会的コミュニケーション力は、人間性と思われているものの重要な部分であり、ないと周りに露見《ろけん》してしまいがちなところだ。

感情をコントロールする

社会性のある人間になるには、もう一つ、感情のコントロールが重要だ。

「自分の気分」と「外へ出すもの」は別でなければいけない。たとえ自分の調子がよくなくても、会社ではそれを出さない。どんなに調子悪くてもそう見せない。

先日、美輪明宏《みわあきひろ》さんの『毛皮のマリー』という演劇に招待されて観に行った。寺山修司が生きていたら泣いて感激するだろうというくらい、いい舞台だった。美輪さんは舞台から全体を引きつけて、最後はスタンディングオベーションが自然と起きた。

終わったあと楽屋にうかがい、「いやー、すばらしかったですね」と言った。美輪さんは、めずらしく立ち上がらない。座ったままだ。どうしたのかなと思ったら、にこやかなのだけれど、腕を吊《つ》っていた。聞けば、「粉砕骨折《ふんさい》なの」と言われるではないか。私はそれを知らずに観ていた。

「舞台で手を挙げたりしておられたじゃないですか、ぜんぜんわかりませんでした」

「わからなかったならよかった」

「いまは、だいぶひいたんだけど」ということだったが、相当はれて、ふくれあがっている。粉砕骨折で腕を吊った状態で、舞台をやっていたのだ。驚きを通り越して感激した。

そういう場合に早々と降板してしまう人がいる。舞台に穴を開けてしまう人だ。ひどい場合にはプライドがじゃまして降板、といった理由で。

美輪さんは、楽屋では腕を吊っていても、最高の舞台を演じた。もはや、ステージがちがうが、これこそ「社会性がある」ということだ。背負っているものがちがうのだ。**人々に期**

待されて、自分がいなければ全部こわれてしまう。だから、どんな状態になってもやりぬく。しかも喜びにあふれてやっているわけだ。

「子ども力」もある。そこまでやらなくても、というくらい工夫をする。それが趣味であったりもする。

大人と子どもが共存している感が美輪さんにはある。子どもの能力の純粋なところと、大人の社会性がマッチしたところがうまくクロスすると、すごく大きなものに仕上がる。

稲盛和夫もそんな感じがある。だいたい自叙伝のタイトルが『稲盛和夫のガキの自叙伝』（日経ビジネス文庫）だ。自分はガキなのだ、とみずから宣言している。

京セラを立ち上げる前の話だ。転職しようとしたけれど、うまくいかない。一人だけ取り残された。行き場もなくなった。それでかえってふっきれる。

これ以上不平不満をいっても仕方ない。ここは研究に没頭しようと気持ちを百八十度切り替えた。汚い寮にいるから気分も落ち込む、と研究室にふとんやなべ、かま、七輪まで持ち込んだ。朝から深夜まで実験づけの生活に自分を追い込んだ。

（五七頁）

心の持ち方を変えた瞬間、私の人生は転機を迎え、好循環が生まれだした。（五八頁）

この人は血気にはやってガキっぽいところがある。だが、もちろん社会性もあるから、人もついてくるし、このへんの炸裂具合《さくれつぐあい》が絶妙だ。

ビートたけしさんなんかもそうだ。暴走する子どもみたいなところがある。だから映画が作れたり、絵が描けたり、いろんなことができたりする。だけど、会ってみると非常に社会性がある。番組が終わったあとそのまま飲みに行って、来週のネタを全員で考えるようなことをされる。

社会性がありながら子ども力を失わない人が成功するという傾向はある。ビジネスの中にはどこか子ども力が必要である。

ビジネスはふつうの枠組みではないところで、何か思い入れみたいなものがないと続けられないし、周りが見えないと失敗してしまうし、そのちょうどよいバランスが必要である。

いずれにしても共通しているのは、感情のうまいコントロールができていること。**自分の都合では動かない**。会社のことに関して激することがあったとしても、自分の感情に走らず、「堪忍袋《かんにんぶくろ》の緒《お》が切れる」ところまでは怒らない。

美輪さんのふくれあがった腕を見て、仕事とはこういうふうにするのだと思った。粉砕骨折でもまったく仕事に穴をあけない。平然とこなしていく。ふつう、右腕を骨折したとなれば、一カ月くらいは仕事を休むだろうに。

どんどん辞めていく人は、一度「あの腕」を見たほうがいいと言いたくなる。なんやかんやで会社を休むと、くせになってしまう。むしろ、その選択肢はないのだと思ったほうがいい。ただ会社へ自分の身体をもっていく、そういう感覚のほうがかえって楽ではないか。

自分の都合を出さないだけで、社会性はすごくアップし、いつもある程度安定した状態で、人に上機嫌で接することができる。それによって、人間性が優れていると見られる。

そうなれば好循環が生まれる。

幼児性だけあって社会性がないような人を見かけたら、注意してあげなければならない。本人は、人からそう言われることが少ないから、直さない。だから、大人は「それだと通用しないからこうしたほうがいいよ」と言ってあげるべきだ。だが実際は、「めんどくさい奴」とみなされ、何も言わないでくびを切られてしまうことが多い。

若いころの修行期間というのは、いかに社会性を獲得して、ブラッシュアップしていくかに重点を置くべきだ。そして、仕事にモデルのようなものをもち、感情で仕事をしないという信念をもつといい。

人から見込まれる、かわいがられる

意外なことに、あの矢沢も社会性がある。

つっぱらかっているだけじゃない。

貧乏を力に変えるには、自分でやるのもいいが、人から見込まれるのが大事だ。「この若い人の状況はかわいそうじゃないか」「引っ張りあげたい」と思わせることだ。

矢沢はうまい。

「大人をくっちゃったみたいだね、俺わるくいえば」と書いてある。「君は好青年だ」「見込みのある目をしている」と言われる。矢沢は「僕はがんばりますよ、どこまでやれるかがんばりたいです」とさらっと言えるのだ。

矢沢というと、生意気で年上から嫌われるという印象がある。しかし本当は、見返してやると言いながらも、たんに相手を乗せるために言っただけではなくて、相手が成功していることに対する謙虚さ、相手に学びたいという気持ちがある。それが出ている。ふだんより素直さを前面に出している。

「ぼく、勉強になりました、僕がんばりますよ」「夢いっぱいでがんばりたいです」という高校生がいたら、かわいがりたくなるだろう。その「かわいがられる」というのが大事なのだ。

かわいげがあるということだけではなく、向上心を見せるとかわいがってもらえる。ひねくれてしまっている感じだと、救ってくれるのは夜回り先生みたいな、奇特《きとく》な先生たちだけだ。

一つは世間知《せけんち》みたいなもので、矢沢の場合、会話ひとつとっても大人を乗せていってしまう。ただたんに反発しているだけではなかったのだ。

新聞をバカ読みする

それから、矢沢の場合、新聞を「バカ読み」するという。ロックをやっているが、新聞を政治面から株式欄のすみずみまで読むという。「毎日の楽しみだよ、新聞は」という。

新聞を読むというメンタリティ自体がもう社会に向いている。新聞は社会そのものだ。事件があり、株もあり、文化もあり、いろいろなことがある。

矢沢が株をやっていたかどうかはわからないが、とにかく、すみからすみまで読む。そういう社会全体に向けられた一種の無意識のアンテナと、社会全体を相手にしているのだという心の大きさを、そこに感じる。

一人暮らしになって、新聞も読まなくなってそれでいいという人と、毎日、新聞が楽しみで、すみからすみまで読むという人がいる。

新聞を読むというサイクルに身体ができている人は、だれかとなにげなく話したときも、「ああ、なんかこの人、意外と知ってるな」「不良だったらしいけど妙に詳しいな」「あなどれないな」という印象を相手に与えて、「へぇ」と思わせる。

そういう知性が会話のそこここに出てしまう。新聞というのは、いざというとき、声がかかったときに、戦える身体みたいなものだ。毎日きっちり走って下半身を作っておいて、お呼びがかかれば試合に出られる。

新聞というのは社会感覚、知識の足腰みたいなものだ。

毎日読むものという意味で、ランニングみたいなものである。毎日毎日読んでいると、知識欲とか社会に対する好奇心が出てくる。社会のルールというものから逸脱《いつだつ》しないように自分でコントロールするようになってくる。社会なんてどうでもいいやとは思えなくなってくる。自然、モチベーションの下半身が新聞を通して作られる。

いまの二十代の人は一人暮らしの場合、ほとんど新聞をとらなくなっている。私も二十代では一人暮らしをしていたが、新聞はとるものだと思っていた。どの新聞をとるかというのはあったが、新聞をとらないという選択肢はなかった。

とっているから、新聞をすごく読むのかというと、そんなに読まない。けれど毎日、新聞が来ているというのはリズムだ。それをもって表に出ることもあれば、夜あんまりひまだとくりかえし読んでしまう。新聞は活字量が多くて、全部読むと相当なものがある。原始時代の人間が得る知識量に換算《かんさん》すると朝刊、夕刊で一生分ともいう。

現代において、毎日こんなに莫大な情報量が来る。いまの時代、紙媒体よりも携帯のニュースでひととおり用は足せる。けれど、見ている風景としては新聞をすみからすみまで読んでいる人のほうに迫力があるだろう。

自分の興味があるサイトだけ読んでいる人と、興味や関係のないものも新聞ですみからすみまで読んでいる人のメンタリティには差がある。興味あることだけだと、縮《ちぢ》こまる。けれど、新聞は全方位的だ。個人の趣味なんて知ったこっちゃないという感じで、ブルドーザーのように情報でざーっと個人を流してしまう。

そういう体験が必要だ。

まず一人暮らしでも新聞をとってみる。新聞なんて極端にいえば、いちばん金がかからないものだ。契約してもたいしたことない。新聞は一日遅れたらほとんど無価値になるから、一日遅れの新聞はどこでも手に入る。新聞はニュースが古くなってもいろいろ読むところがあって、あるとき家で読んでいたら一ヵ月前の新聞だったということがある。それでも感覚は研ぎすまされる。

自分の知識をすぐ換金しようと思っても、知識というのは即効性に欠けている。**知識は定期預金のようなもので、大量に仕入れておくと、五年、十年とたって、やっぱり役立っているな、効いているんだなと感じられる。**それは、若いころ運動していると、三十代、四十代になっても体力が残るのと似ている。

すぐに役立たないという理由で本を読まない、新聞を読まないという人から貧乏力の溜めがなくなっていくから要注意だ。

技10　濃い仲間をもつ

忌野清志郎の「ぷらぷら感」

日本のキング・オブ・ロックと呼ばれた忌野清志郎《いまわのきよしろう》。彼の貧乏時代には、ぷらぷら感がある。

ＲＣサクセションとしてデビューして「ぼくの好きな先生」という曲が売れて有名になった時期があった。しかし、そのあと、仕事が少なくなる。その時期は多摩地区に引っ込んで、ときどきぷらぷらしていた。

国立では怠慢《たいまん》な日々を過してた。専門学校行ってるやつなんかが友達でさ、そんな女とＳＥＸに溺《おぼ》れたりね。

（連野城太郎『ＧＯＴＴＡ！忌野清志郎』、角川文庫、一二九頁）

やることといったら練習だけ。ほかにすることないからさ。

ミュージシャンは仕事がなくても、モテる。練習以外に、セックスはしているようだ。女に関して不自由ない、ふんだんな感じがある。ロックってすばらしいと思う。

仕事もあんまりないし、取材もなくなった、人気落ちてんだなあーっと思ってた。金もないし貧乏してたけど、それなりに生活はエンジョイしてたよ。（一三〇頁）

人気が落ちて、貧乏だが、ぷらぷら感がある。

とはいえ、このつらい時期は、ただの貧乏以上のつらさがある。たんにお金がないのではない。人気のなくなってきた下降線の感じを伴う。マイナスの加速度だ。最初が売れたものだから、そこからの落ち方が余計に気になる。

そんななかで、友だちの井上陽水が非常に売れてしまった。陽水のアルバムである『氷の世界』があまりにも売れてしまったもので、自分の周りにいた人がみんな陽水に行ってしまった。

そのアルバムの中の「帰れない二人」という曲は名曲だ。一番の歌詞は陽水が作って、メロディーと二番の歌詞は清志郎が作っている。『氷の世界』が売れたことで、作詞、作曲にかかわった清志郎に五百万、六百万円の印税が入ったという。「当時の貨幣価値からして驚異」だ。

銀行からそのお金おろしてきて、戸棚に入れておいたよ。毎日そこから何万円かワシづかみにして出かけた。そんなルーズな生活だからね、あっという間にその金もなくなったよ。三人ぐらいで共同生活してた時だから、みんなオレのその金に頼ってたんじゃないかな。オレたちはますます底辺に沈んで、陽水は登り詰めて……。いわゆるニュー・ミュージックって言葉ができたのもその頃だし。いろんなアーティストがデビューして、もう誰もがオレたちのこと、忘れていった。オレたちもそういった音楽シーンからどんどん遠のいていったよ。

（一二五頁）

沈黙を守っていたRCが活動を開始した……なんてたいそうな記事が出てんのよ（笑）。別にオレらは沈黙してたわけでもなんでもない。

（一四一頁）

清志郎たちのことを思ってくれていた人が「沈黙を守った」と書いてくれたという。

その後、バンドの三人で一軒家を借りている。寒くて古くて、「ガラクタを買ってきて、部屋の中をグチャグチャに汚して」、仲間もおかしくなって、ぼろぼろになっていく時期があった。「女もみんな見切りをつけていった」という。

それでも、「へっちゃらでさ」と忌野は振り返っている。それは、悲観するでもなく、よくない状況を乗り切る「ぷらぷら感」があればこそだ。そしてもう一つ、貧乏を共有する仲間がいたことも大きいといえる。

成功したら仲間を引き上げる

この人たちの結びつきは、バンドという性質もあってか、独特なものがある。

チャボ（仲井戸麗市）をメンバーに入れるときだ。チャボは自分の給料をふいにしてＲＣサクセションに入ってきた。チャボに支払う給料は、清志郎が自分の給料の中から払っていた。なかなかの親分肌だが、その金額がすごい。二万円。「オレの給料九万だったからさ」という。チャボもつらかったと思うよ、と回想している。

お金があったからといって人間が変わるわけではないし、貧乏になったから変わるわけでもない。仲間の生活があって、そこで練習ばかりしている。しかも、一緒に住んでいる。一回成功して、ミュージシャンとしてプロなのに、仕事がない。やることといったら練習しかない。一緒に住んで、給料十万円以下でやっている。

それでもやりたいといって入ってくる仲間がいる。そういう人はお金とは別に体験の濃さを求めて入ってくる。そこで一緒に音楽をやること自体が財産だからだ。

バンドの空気、バンドという職業の特性もある。

クリエイティブな仕事で成功している人というのは貧乏時代に仲間だったという人が多い。意外と狭い社会にあって、売れてきたらみんな昔からの知り合いだったということが音楽に限らず、けっこうある。昔の仲間だという結びつきで強くなっていく。

絵画における印象派もそうだった。

みんなお金がないけれど、お金がないものどうしが新しい芸術を作るんだという意気に燃えて、毎晩一緒に飲んだりしている。そのときの心意気から、だれかが上がり出すと、ほかの人もついでに上がっていく。上がった人が、ほかの仲間を引き上げてやって紹介しあって、全員で上がっていく。

そのため、「世界の巨匠」といわれる絵画シリーズがあれば、そこに占める印象派の割合は高い。絵のうまい人はもっとたくさん世界にいたはずだ。しかし、そこまで絵はうまくないけれど、印象派の時代、あるいはパリのグループにいたという理由で、世に出ることができた。それは、貧乏時代に知り合っている結びつきが強くて、一人が世に出ると、一緒に出ていくという流れがあったからだ。

貧乏なころの絆《きずな》は特別で、大人になってからの友だちと貧乏なころの友だちはちがう。**貧乏な時代までは青春だ**と思う。貧乏が続いていると青春が長く続けられる。金持ちになったとたんに青春が終わるような気さえする。

貧乏と青春は非常に相性がいい。青春を長くやりたい人は貧乏を喜ぶといい。

地元と濃い仲間をもつ

貧乏な連中で仲間がいるというのは、けっこう楽しくて豊かなことだ。

ハードに受験勉強して進学していくよりも、もっと余裕をもって仲間でつるんでいるという状態の人たちがいる。その人たちのもっている「仲間」という財産が、私は最近うらやましくなっている。

ゲッツ板谷の『板谷バカ三代』（角川文庫）という本が好きなのだが、ゲッツ板谷の話には、自分の友だちが「突然泊まりに来た」といった話題が多い。けっこういい歳なのに、「高校のときに友だちんちに泊まりにいって」という雰囲気が残っている。私は地方から出てきたので、一回友だちの縁が切れてしまっている。中年の時期は稼《かせ》がなければいけないけれど、**老年期になるとまた暇なときがある。そのときにいちばん大事なのは友だちなのだ。**友だちがいないとそのときさびしい。

不思議と、一回退職してから、会社の人と友だちとしてつきあうという人は少ない。私が市民大学で教えたときには、退職した人もたくさん来ていたが、会社の人と一緒にいまも楽しんでいるという人はやはり少なかった。だから、地域で楽しむとか、趣味のサークルで新たな友だちを見つけなきゃいけない。

そう思うと、地元があるというのは強い。「地元じゃ負け知らず」という歌詞の入った「青春アミーゴ」があんなに炸裂《さくれつ》したのは、「地元」という言葉があったからだ。二人が地元でつるんでいる絵が、中年の胸を打った。あの地元感、仲間というものの末永いつきあい。それはやっぱり人生の豊かさではないか。

学ぶというのとはちがって、**ゆるゆる感**がいい。ぜんぜん向上しないで、「変わらないね」と言いあうような、あのゆるゆる感は捨てがたい。貧乏は学ぶ機会であると、同時に一方で貧乏には若い時代に特有の、ゆるゆるな空気があるのだ。

暇で「やることないねー」と言う空気感。

私も「いつ来てもおまえいるねー」と言われたことがあった。あんまりひまなので、「手帳もってるの?」と訊かれたことすらあった。ちゃんと持っていた。けれど、手帳には何も予定が書いてない。「おまえ用事ないじゃん。手帳の意味ないじゃないか」と言われ、「ひますぎて、たまにある用事を忘れるから必要なんだよ」と答えていた。

「いいよね、いつ誘ってもいるよね」というのは安心感があるものだ。

ところが、忙しくなってきたときに私にはゆるゆる感が減ってきてしまった。仕事優先で友人とだらけることが少なくなった。自分から誘わなくなると人間関係は減っていってしまうものだ。

地元感を大事にして生きている。そういう空気を出している人はいる。地元感のある雰囲気を出している人だ。

そういう人には「地元」の力を感じる。人のつながりの力が濃い。

学校の同級生といっても、最近は会ってないないというのがふつうかもしれない。だけど、同級生といつまでもつきあいがある。子どもを作るのも早い。そして、たくさん作る。子どもが大きくなると、みんなとキャンプに行ったりする。ああいうのもいいなと思う。お金もかからないし、子どもも大勢だからみんなで楽しめている。それでいいんだと思う。

「忙しくてがんがん働いているけど、子どもを作るのを忘れた」というより、子どもが三、四人いてみんなでわいわいやる。ほんとに母親がヤンキーで、夜中にファミレスに子どもを連れ回してタバコを吸っているようなのはどうかと思うが。

意外なことに、この地元系は早起きらしい。兄貴的存在の代表格である哀川翔《あいかわしょう》は『早起きは「３億」の徳』（東邦出版）という本を出している。

早起きしてまじめに家庭を背負って働く。そういう人は、地元の仲間がいる。

年収でいうと、都会でトレーダーをしている人の何分の一かもしれないけれど、それでもぜんぜん問題ない。生活の豊かさがちがう。

仕事も仲間感覚で

墨田区や葛飾区のほうの下町の子がときどき大学に来る。そんな子は、自分が下町で育っているというあの空気を誇りにしている。そんなにお金持ちではないけれど、情に厚く、人情がある。雰囲気としてはアニマル浜口と浜口京子が育った場所だ。

浅草付近は、町全体が「京子ちゃんを応援するぞ」という感じで盛り上げて、「あの町の人たちに応援されているから私はがんばる」と本人も励みにしている。青山、田園調布といったハイソなところとはちょっと雰囲気がちがう。

地域に根付いた生きる力の分かち合いだ。生きていくうえでどの人生が楽しかったかと考えると、応援されたり支え合ったりして、貧乏ながらも気持ちが通い合うというのが、生き方としてはいいのではないか。

それが昭和三十年代の日本の空気にはあった。かくれんぼでも、近所十軒くらい使ってする。鬼ごっこでも人の家の庭までつっきってやる。それでこそ地域、地元という感じがする。

地元を大事にしている人たちを見ると、**仲間の大きな川の流れの中に人生の最終地点があるように**見える。

そう思うと、世の中は金だけじゃない。仲間は貴重な存在だ。もちろん仕事上でつきあう人もいる。出会ってクリエイティブな気分を味わう。これもいいことだ。しかし、定年してぱっと解き放たれたときになくなってしまう。仕事がないと仕事仲間とは会わない。

出版の仕事でも、売れなくなってその会社の編集者が来なくなり、会うことがないということもある。でも、作家と編集者でも、そうでない関係性もたまにある。ある編集者で「僕は何があってもこの人を身を挺《てい》して守ります」という人がいた。いいやつだなと思った。盟友みたいなものだ。同じ業界にいて、つらい時代を一緒に過ごした仲だ。

バンドでも、売れて解散してしまうパターンと、売れても売れなくてもメンバーが変わらないし、いいもわるいもなく続いているパターンがある。

仕事仲間でもたまに気が合う人がいると、仕事と関係なく飲もうとなる。そういう人が一人いるだけでちがう。

同じ仕事をするのでも、そこに仲間が作れる。仲間意識としてできる。そういうことがあると、**地元がなくても仲間という感覚はもてる**のだ。仲間感覚がないとさびしいというか、一人で成功しようとすると、その感覚自体を育てられずに大人になってしまう。

人生の一つの価値は仲間と過ごした時間だ。せっかく貧しいのに濃い仲間がいないともったいない。

大学生よ、みんなで泊まれ！

いまの学生を見ていて思うのが、泊まり合うことが少ない、ということだ。学生というのは、人の家に泊まることがざらにあるものだ。私もいろんな人の家に泊まったし、人も来たし、夜まで飲んで雑魚寝《ざこね》して、昼ごろ起きたものだ。実に自由だった。

しかし、いまは友だちの家に行かない。授業出て、バイト行って、ネットして寝る。まじめで、授業にはほとんど出る。だけど、それだと高校生と変わらない。

私はいま、「泊まれ！」と言って、大学生どうしの結びつきを活性化させようとしている。「泊まれ」と言ったら、友人のアパートに一年の三分の一も住むやつが出てきた。採用面接もそいつのスーツを借りて行った。

泊まり合って、一つの部屋に十人くらい泊まる。それをやってからゼミが変わっていった。卒業式でみんなボロ泣きするようになった。

「昔はこんなに集まらなかったな」と思う。せいぜい五人、十人だった。ところがいまは五十人くらい集まっている。ＯＢも来る。一緒に寝泊まりしたということで、絆《きずな》がちがってくる。

東京に出る意味は、泊まり込んで、語り合い、うんざりするくらい一緒にいることにある。女の子もそういう輪の中に入ってくる。男女関係というわけではなく、仲間というつながりだ。そういう空気があると、「みんなでどっか行こうぜ」というような企画も生まれてくる。それが大学生ではないかと思う。高校生とちがって、生活全体が自由で、解き放たれた感じだ。

このあいだ喫茶店に入って、仕事をしていたとき、横に四人がけの席があり、男四人がそろって、ごちゃごちゃ話している。何か楽しそうに話している。馬刺《ばさし》の発祥《はっしょう》はどこかとか、むずかしい話もしている。よく見ると、四人のうち一人が私の大学の先生だった。「さっきね、ゼミの指導で叱《しか》りすぎたので、おごってやって」と、すごくいい雰囲気なのだ。先生と学生三人で話している。これこそ大学だ。「きびしく叱っちゃったからね」。先生はそう言って、場を変えて面白い話をしていた。

大学の周りには喫茶店が必要だ。そういう文化がなくなると、ただの学校である。自由な流れの中で人と出会って、時間がふんだんにあるのでいつまでも話している。最低限、バイトはしなければいけないかもしれないけれど、バイトだって友だちとすればいい。

いまの大学生は固定観念にとらわれすぎかもしれない。ちょっとおびえた感じになっている。大学のほうもしめつけを厳しくしすぎている感が強い。日本の大学はだらしなくて、海外の大学に比べて教育機能が弱いといわれているが、それでも日本はやってきたじゃないかといいたいくらいである。

勉強をチェックするのはいいけれど、自由な振り幅をもたせ、内側から時間がわき出るようにするべきだ。ところが、時間が全部管理されている。

「じゃあ、今日どうする?」というところから始まるような感じがいい。それが唯一、味わえるのが大学だ。高校生は放課後しかないし、社会人になって仕事が始まったらそんなことはできない。大学時代こそ黄金の四年間にしてほしい。

以上、貧乏を力に変える10の技を見てきた。

技１　貧乏を受け入れる
技２　「ちょっとした貧乏性」で働きつづける
技３　体験の石油化をはかる
技４　一冊の本をバイブル化する
技５　誇りをもってプライドを捨てろ
技６　貧しても鈍しない
技７　明日はわが身と心得る
技８　人生を通してのベースをもつ
技９　かわいがられる（感情に走らない）
技10　濃い仲間をもつ

この十の技を使いこなせれば、自分の中に〈貧乏〉を根強く植え込むことができるだろう。そして、その〈貧乏〉は、一生の財産となって、人生のあらゆる局面で私たちを支えてくれる。

第3章　貧乏に似合うもの、似合わないもの

低刺激なものが面白い

貧乏を力に変えるには、生活を変えることだ。

前章で述べた「技」を活かすも殺すも生活次第なのだ。

私が貧乏だったときはインターネットがなかった。インターネットサーフィンという悪魔の誘いがない。インターネットは貧乏な人の味方のようで、実は敵にもなる。

インターネットがないと時間を食われない。インターネットで、自分が本当にしたいことでもないのにつられていってしまうのはわずらわしい。ちゃんとした知識なら本を読んだほうがいい。

たとえば私の仕事は頭をよくしておくことが大事だ。そう考えると、そのための読書、語り合うための時間は財産となる。

実際、私は道でも友人と二、三時間語り合った。しゃべる速度と考える速度を一致させていくと、**しゃべりながら考えることができるようになる。**ふつうの会話ではないが、負荷をかけるとそれが練習になる。ただしゃべるのではなくて、ネタをもって話すのだ。この「しゃべりまくる」というのも、実際、後年役に立った。

一つのことを、時間をかけてやること。それが退屈力を鍛えてくれる。退屈力とは、一見退屈そうなことに楽しみを見出す力、地味なものの真価を味わう力だ。勉強は、退屈力を鍛えてくれる。

だが、インターネットではそうはいかない。ネットは向こうが刺激をくれる。かつ高刺激なのがよくない。

貧乏時代は、低刺激のものが面白い。神社や寺は低刺激である。ろうそくも低刺激。読書も将棋も低刺激。これらは、こちらから行かないと面白くならない。

齋藤流・貧乏時代の遊び方

貧乏な生活は、時間がたくさんある。そのとき、自分の中にブームを作るといい。

貧乏は多角的なことが魅力にならない。英語ブームならひたすら英語だけを勉強する。将棋ブームがきたらずっと将棋。ビリヤードが安くできるとなるとずーっとビリヤードをする。マニアという感じでもない。**没入して遊ぶ**という感覚だ。

勤めをしていて仕事帰りにやるのでは、これは味わえない。没入したら、たいがいのことは面白いんだということがわかるようになる。そうすると、どんなことでも遊びになる。それを一人でやるのもいいけれど、もう一人に伝染させるとさらに面白くなる。

私が貧乏時代に没入した「遊び方」を表にした。

どれか一つでも参考にして、トライしてもらえればうれしい。

・**石を集める。**そういうおかしいのがいい。つげ義春《よしはる》の『無能の人』にも石を売る人がでてくる。
・**磨く。**やかんを磨く。なべを磨く。お金のかからない遊びとして。
・**現行コインを集める。**ギザ10を集めるとか。特にお金が減るわけではない。
・**空手をやる。**神社で木に布を巻いて打っていた。太極拳の型をやる。適度に観客もいて面白かった。
・**脱力トレーニング。**どうやって力を抜くか。身体技法系はお金がかからない。
・**指圧やマッサージの研究。**他の人にやってあげると、ちょっとバイトにもなる。肩胛骨《けんこうこつ》マッサージを開発した。肩こりのみなさんに好評をいただいた。やっているうちに、相手の身体感覚とこちらの身体感覚が重なってくる。そうなると貧乏の中でも遊べる。肩胛骨だけ探求して、二十人、三十人とやっていくと、だんだんわかってくる。そうやって特化して探求していくとよい。

・**ヨガ。**一冊くらい古本の入門書を買ってきたら、それをやるのに何年もかかる。自分の身体値を知るのに時間がかかる。

・**卓球。**低料金で遊べる。公民館ではタダ同然。道具は借りられるし、向上心を刺激してくれる。ボウリングだと遊びだと思ってしまうが、卓球は技を身につけろと要求してくるような気がする。

・**キャッチボール。**思いっきり投げ合うと気持ちがいい。

・**長距離を歩行、自転車通学。**自転車を一回買えば、動力はタダだ。私のいる大学は自転車にはまる学生が多い。秋田や、四国、広島に自転車で帰省する強者《つわもの》がいた。お金のかからなさが楽しくなってしまう。ここまでできるのかと楽しくなってくる。

・**野良猫をかわいがる。**私の貧乏時代の趣味だった。貧乏で盗まれるものがなかったので、窓を開けていた。そこへ入ってきた他人のネコをかわいがる。ネコは退屈力がある。あくせくしているとき、犬とかネコの休み具合を見ていると、休み方が学べる。

・**子どもと遊ぶ。**近所の子どもとずっと遊んでいた。一緒にサッカーをしていると、静岡出身の私のほうがうまかったりするから、子どもも遊びたがる。

・**おじいちゃん・おばあちゃんの話し相手になる。**留学した人で、すごく英語が上手になった人がいた。その人の勉強法はおばあちゃんと話すこと。若い人だと下手な英語の練習にはつきあってくれない。

・**市民プールに泳ぎに行く。**むきになって泳ぐ。むちゃくちゃ長い時間泳ぐとか。無茶に挑戦できるのがいい。

・**大食い。**十皿食べたらただになるといった店がある。「餃子《ギョーザ》の王将」でチャレンジして失敗し、全額払った苦い経験もある。

・**将棋。**お金がかからない遊び。将棋の駒を集めて、音を楽しむ。私の実家では、昼休みや夕暮れ時に、みんな将棋をさしていた。メジャーな時間のつぶし方だ。またそれを見ている人がいる。将棋は昔の日本人がしていた貧乏遊びとしては歴史がある。情緒があって会話をしながらできる。ひまというものを祝うような競技。麻雀《マージャン》は麻雀で夜通し感があっていいのだが、貧乏くささ、日本人の伝統という部分では将棋が上だ。風呂に入って、涼みながら将棋をさしていれば人生勝ったなと思う。

・**夕涼みを楽しむ。**夜に仕事があると損したという気持ちはないけれど、夕方に時間が空くと得した気持ちになる。夕方の時間は贅沢な時間だ。時間帯によって贅沢感はちがう。人が遊んでいない時間に遊ぶ。遊ぶというとすごく贅沢感が出てくる。

・**身体技法。**指立て伏せとか、拳《けん》たてとか、いくつもやっていた。前蹴《まえげ》りだけで三年かけたが、一円もかからなかった。贅沢な遊びだ。その当時、電信柱を見たら前蹴りが出る。前蹴りもうまくなると気持ちがいい。これをやったら、貧乏も金持ちも関係ない。金持ちも三年前蹴りをやったらうまくなるかというと、そもそも三年もやらない。たとえばジムで汗を流すということがあるが、あれは健康を維持するという目的がある。でも、蹴りにはそういう目的はない。

・**寺や神社へ行く。**寺や神社は時間を過ごすにはいい。夕方に寺にいると、リッチな時間を過ごせる。寺がもつ時間性の豊かさ。いろいろお寺があるが、庭を見ているだけで一日過ごせる。拝観料なんて安いものだから、ずっといて考え事なんてしていると、豊かな時間が過ぎていく。寺や神社の境内はぼーっとしてもあやしまれない。せいぜい、いつもあのへんで本を読んでいる人、と思われるくらいだ。公園もあるが、寺のほうが精神性が高い。

・**木彫り。**時間がかかる。削る、こする、磨くは時間がかかる。写経みたいなものだ。

・**お経。**お経はくりかえしても飽きない。仏教系はもともと「捨てる」ことを説く。お釈迦《しゃか》さまは捨てて捨てて、あえて選び取った貧乏である。

・**瞑想《めいそう》。絵を描く。ろうそくを見る。まばたきをしない。鏡を見る。**念仏系、瞑想系は貧乏であること自体がアドバンテージになる。捨てたあとだから何ものも恐れない。ろうそくを見ているだけでも時間が過ぎていく。貧乏ならではの、金持ちになってからはできない技。

・**ラジオを聴く。**一つのラジオ番組でも大切になってくる。

・**俳句。**貧乏だからできる俳句がある。小林一茶《いっさ》もすごい貧乏。「合点していても寒いぞ貧しいぞ」というような貧乏俳句も多い。「はたらけどはたらけど猶わが生活楽にならざりぢつと手を見る」の石川啄木《たくぼく》も同様だ。

・**白黒映画。**すごく古いヨーロッパ映画『天井桟敷《さじき》の人々』『自転車泥棒』『鉄道員』などは貧乏力を教えてくれた。ハリウッド映画でも白黒を主に観た。白黒映画は貧乏に似合う。

・**ロックとジャズ。**クラシック音楽は貧乏でも金持ちでも楽しめるけれど、ロックは基本的に貧乏のほうが楽しめる。ジャズも若い貧乏な時代のほうがぐっとくる。ジャズを聴くと、貧乏なこもったところにいた感じがいい。

・**日記。**貧乏時代は日記も熱くなる。貧乏時代は事件もないのにやたらと日記が熱い。

貧乏を力に変える魂ソング

東京で一人暮らしで浪人していたとき、リピートしていた曲がいくつかある。

まず、**ベートーベンの「運命」**をリピートして聴いていた。「運命」は、一曲が長いので盛り上がる。有名な曲なので知っているかと思ったが、鼻歌で歌えるのは、最初の二分くらいまでだ。意外にむずかしい。聴いてみると、ものすごくシンプルな旋律《せんりつ》に複雑なバリエーションを加えている。いいのは第一楽章だけではない。第二、第三もいい。ベートーベンの「運命」は浪人時代の私に突き刺さった。

そのころ、**ビリー・ジョエルの「オネスティ」**も叫んだ。「エブリワン・イズ・ソー・アントゥルー」と。自分を試験で落としたやつは「アントゥルー」だ。女の子も寄りつかないので、女の子も「アントゥルー」だ。人間は信じられない。自分がほしいのはただ一つ「オネスティ」だ。筋違《すじちが》いも甚《はなは》だしいが、それでも叫ぶ。

フランク・シナトラの「マイ・ウェイ」もリピートすることをおすすめする。「アイ・ディド・イット・マイ・ウェイ」。自分のやり方でやってきたんだ、という歌だ。

私はシナトラをモデルにする浪人生だった。シナトラは、イタリア系の移民で貧しい。身体も小さく小物に見えるが、アメリカで圧倒的な大物感があった。ラスベガスの帝王、ミュージカルの帝王にまでなった。彼の存在感があって、彼が歌うから、あの歌はかっこいい。

よくおじさんたちが「マイ・ウェイ」を好きで歌うので、シナトラを知らない若い子は、「また始まったよ」と思いがちだ。だけど、それはシナトラの本質を理解していない。

「貧しいところから自分はこうやって、自分のやり方でやってきた」というこの歌は、もともとはフランス語の歌詞だったが、シナトラのためにポール・アンカが英語の歌詞を作ったものだ。シナトラの人生がかかった歌だから、ぐっとくる。大学院でもシナトラの映画をよく観た。すると、いっそう歌が入ってくる。つらいときにはよみがえってくる、自分のテーマソングになった。

忌野清志郎の「雨あがりの夜空に」を貧乏時代に聴くのもいい。

「バッテリーはビンビンだぜ」というところに、ムダにビンビンだぜ、女もいないぜ、どうすんだこんな夜に、というやり場のなさが宿っている。いま思うと、清志郎はモテていたらしいし、この歌も彼女がいる設定だから状況はちがうけれど、あの歌に宿る若いエネルギーはたしかにびんびん来る。それが内側から出ている歌詞だ。私の趣味では、「今のままの君

でいい　いつもそばにいるから　アイルビーゼア」的な歌より、「バッテリーはビンビンだぜ」にはげしく共感する。

井上陽水の「つめたい部屋の世界地図」を聴いていてもそうだ。つめたい部屋に世界地図があって、なんて貧しい風景なんだと胸にくる。内側から出てきて、自分の事情で出てきた個人的に絞り出した言葉のほうが胸を打つ。しかも、若さ、貧乏のやけくそ感が出ていくと、未熟さがいっそう胸を打つ。

貧乏という点では、先日「音楽寅《とら》さん」というテレビ番組で桑田佳祐が歌っていた曲が、**「おふくろさん」**であった。「おふくろさん」のジャズアレンジというか、ムード歌謡アレンジだったのが面白かった。

「おふくろさん」は、貧乏な時代の歌だ。

作ったのは森進一ではないが、森進一というのは、いちど家族で線路に頭を並べたことがあるくらい、貧乏だった時期がある。おかあさんとともに生きて、貧乏からはい上がってきた。「おふくろさん」を聴くとき、それをなんとなく知っている世代がいる。その時代の空気を知っていて、「それでもおふくろが大事なことを伝えてくれたんだ」という歌が響く。

昔の母親は、貧乏だとかに関係なく、大事なことを教えてくれる。いまは「おふくろさん」

という人自体、少ない。それを桑田が歌っている。

その番組で「おふくろさん」の次に歌ったのが、「母さんがよなべをして手袋編んでくれた」という「かあさんの歌」だった。

私がこれを聴いたのは小学校時代以来だ。この歌は小学校時代のテーマソングの一つだ。


木枯らし吹いちゃ冷たかろうてせっせと編んだだよ

「編んだだよ」というところが私の住んでいた地方の方言と似ていた。その先の歌詞が、「あかぎれ痛いなまみそを擦《す》り込む」という。きっと信州の寒い地域の歌だ。

そういう母親の切ないやさしさがしみる。その時代の親孝行の気持ち、親をありがたいと思う気持ちがある。そうして、情愛が深くなる。

あるとき、自分は携帯で電話をしていて、子どもにお金を渡してバッティングセンターで遊ばせている母親がいた。子どもはお金をじゃらじゃら使っている。周りでは人が長時間待っているけれど、その子どもはやめる気配を見せない。「もう少し周りのことを考えろよ」と頭に来たので、私は親に注意をしてしまった。「二回くらいにしてくださいよ」と。その間も、ずっと親は携帯で話している。子どもにお金を渡して遊ばせている。

この家はお金があるのだろう。いくらでもここで遊ばすことができる。でも私はこの子はダメな人間に育ってしまうのではないかという心配をした。人にも気づかいができないし、お金も湯水《ゆみず》のように使ってしまいかねない。親がまるで無関心だからだ。

「夜なべをして」とえらいちがうなと思った。「かあさんの歌」の時代、親子の情愛は深いものがあった。その時代の人は、親が死ぬと大泣きするが、それは貧しさの中でやさしくしてくれた、食うものも食わずにこうしてくれたんだという思い出があるからだ。一つの手袋にしても重く、手袋一つでつながることができる。

その歌を、桑田佳祐が「おふくろさん」に続いて歌っていた。あの選曲にもぐっときた。「母さんが夜なべをして」とテレビで歌う人は、いまどきいない。たぶん桑田が切望して実現したのだろう。

桑田佳祐が歌うと、いまふうのセンスのいい歌に聞こえて、しかも心情が伝わってくる。私はあれをぜひCDにしてほしいと思っている。その選曲するセンスは、貧乏を力に変える感覚である。

なおかつ、桑田佳祐は「ヨイトマケの唄《うた》」もカバーしている。「ヨイトマケの唄」というのは美輪明宏さんが作られた曲だ。美輪さんはいちど「メケ・メケ」で売れて、それから売れなくなった。どん底という感じで差別もされるし、経済的にもどん底になったときに、この歌を作ったのだ。

子供の頃に　小学校で
ヨイトマケの子供　汚い子供と
いじめぬかれて　はやされて
くやし涙に　くれながら
泣いて帰った　道すがら
母ちゃんの働く　とこを見た

…男にまじって　綱を引き
天に向かって　声あげて
力の限りに　うたってた
母ちゃんの働く　とこを見た

…慰めてもらおう　抱いてもらおうと
息をはずませ　帰ってはきたが
母ちゃんの姿　見たときに
泣いた涙も　忘れはて
帰って行ったよ　学校へ
勉強するよと　言いながら

…今じゃ機械の　世の中で
おまけに僕はエンジニア
苦労苦労で　死んでった
母ちゃん見てくれ　この姿

…何度か僕も　グレかけたけど
やくざな道は　ふまずにすんだ

どんなにきれいな　歌よりも
どんなにきれいな　声よりも
僕をはげまし　慰めた
母ちゃんの唄こそ　世界一

母と子の思い。そういう世界を桑田佳祐が歌う。美輪さんはいまの時代にこそ必要な歌だと語っていた。いまの時代だから歌いたい。それはやっぱり、親子の情愛がわからなくなったからだ。

美輪さんの『紫の履歴書』(水書坊)に、あるエピソードが書いてある。クラスに出来の悪い子がいた。小学校二年の父兄参観のときだ。

あの母子《おやこ》は、どうしているんだろうとみると、寄ってきたわが子の鼻をたらした顔へ母親は顔をつけて、いきなりその子の鼻を吸い、ペッと器用に庭に吐き出した。(四一三頁)

汚いと感じる人もいるだろう。だが、そこには何者をもよせつけない母性愛がある。母性愛で教室がいっぱいになる感じがしたと美輪さんはいう。その感覚が歌のイメージにつながっている。

この話は、美輪さん自身の経験ではあるけれど、あの時代を知っている人なら共感できるものでもある。いまは貧しい母子家庭だから情愛があるとはかぎらない。殺伐《さつばつ》としてしまうケースもある。当時は貧しくても情愛があることで子どもがちゃんと育った。それが基本モデルだった。

貧乏の中にある情。親子の情愛というもの。それが生涯の宝であり、生涯生きていくエネルギーになる。

「ヨイトマケの唄」にはそれがあって、桑田佳祐が歌っている。桑田自身は、いま貧しくない。自分が本当に貧乏だったかは別にしても、そこに本当の情愛があることに対する感性がある。そうした貧乏感性があれば、金持ちであっても、肌でわかる。

事実として貧乏かどうか以上に、貧乏だからわかるという、その体験の濃さに対する感性。

それがエネルギーの根幹である。それがないと、貧乏から成り上がるだけになってしまいかねない。貧乏根性がしみついて、かえってよくないことになる。

ワールドに入り込む・手作りを楽しむ

一生を通じての趣味は、これからは中高年にこそ必要だ(「技8・人生を通してのベースをもつ」)。

私の父親は、手作り趣味の名人だった。帆船《はんせん》や五重塔《ごじゅうのとう》を膨大な時間をかけ、丁寧に作っていた。

中高年になったときには、そういうものが大事になってくる。お金をかけない趣味である。クルーザーを乗り回す老後というのは、イメージしづらい。

心が入り込めるミニチュア的世界がおすすめだ。

鉄道ファンならばジオラマを作る。海のように見せる、トンネルから出たときの風景を完全にする、踏切をつくる、ということを緻密《ちみつ》にやる。そうすると、ミニチュアのアナザーワールドに入り込むことができる。

そのときのワールド、世界に入り込んでいる感覚が幸せなのである。

恋愛と同じことだ。

恋愛がなぜ幸福感が強いかというと、二人の世界が構築されて、ほかの人が見えなくなるからだ。ほかの人にどう見られようとかまわない。二人の世界というのがあって、その対《つい》幻想みたいな世界に入り込んでいる。

ワールドに入り込むと、別の人生を生きている感覚を味わうことになる。

ファンタジーが面白いのは別の世界に誘い込んでくれるからだ。

映画もそうだ。映画館で観ると、大画面というだけでなくて、ワールドに入り込める。それは、空間、時間が切り取られているからだ。家だとＤＶＤを止めて、宅急便を受け取ることもできるが、映画館では身動きがとれない。携帯も使えない。そっちの世界に入り込んで、その時間を生ききるしかない。

映画館に行けば、ワールドに入り込んで一つの世界を体験できる。

私も時間の制限があるので、観たい映画をＤＶＤで見ることもある。だが、体験の深さを考えると、映画館で観たほうが深く残っている。残り方の深さがちがう。記憶も深さがあるので、ＤＶＤによる記憶と映画館の記憶はちがっている。あの映画は映画館で観たっけ、ＤＶＤで見たっけ、ということが映画館で観た映画にはない。

映画館で観た映画をなおかつＤＶＤで買ってしまう。これは映画館での感動を思い出すためだ。いい映画はリバイバルでも映画館であらためて観に行くとちがってみえる。

『七人の侍』のような映画は、ＤＶＤで見てもそんなに面白くない。ところが映画館で観ると「よくこんなに雨を降らすな」「めちゃくちゃ動きがダイナミックじゃないか」と興味深く感じる。『生きる』でも、池袋の名画座で観ると、「いのち短し、恋せよ乙女《おとめ》」みたいなさびしい気持ちになってくる。わびしさも身にしみる。

当時は映画館がそんなに高くなかった。三本立て、オールナイト上映を観て、かなり安くすむ。その時間に蓄えたものが、感動の層となり、深い地層になっている。ワールドにぐっと入り込んでいるわけだ。

子育ても同じような感覚で、二人でとにかく映画を観に行きまくって、テニスを仕込んでいる。中間テスト、期末テストで週末が忙しいと、こちらがショックを受ける。ゴールデンウィークも四日連続で映画を観に行ってしまったほどだ。

身銭を切らないと貧乏は力にならない

一つのものとの深い出会い、ワールドに入り込む感覚自体が薄れてきている。

インターネットの弊害《へいがい》はそこにあるとひそかに思っている。世界中の情報があって閲覧《えつらん》でき、好きにチョイスできる。あまりにも情報が豊富すぎるのだ。その状態ではなくて、もうこれしかない、しかもお金を払っている、そういう状態が大事である。

これからは、いろいろなものがインターネットで配信されてローコストになる。授業もタダで見られるようになっている。本もどんどんネット上で見られるようになっている。

自分の著作がグーグルで全部タダになってしまうかもしれない。たしかにそれはいいことかもしれない。学ぶということでは基本的にいいことなのだが、**身銭《みぜに》を切るからこそ暗記するし、覚えることもできる。**

ネットで見る画面は、覚えるのに適していない。ネットの画面に線をひっぱることはできない。持ち歩くこともできない。そう考えると、結局、印刷して綴《と》じるしかない。身につけるにはしじゅう読む、どこでも読むことが必要なのだ。

いま私は『論語』を訳していて、孔子を訳しながら生活している。訳すためのひまがないので、いつも『論語』を持って歩いている。すると、孔子と暮らしているような気持ちになる。

それによって何が変わるかというと、私は家で皿を洗うようになった。私は家事への協力の度合いが低いほうだ。威張《いば》ってはいないが、家事に積極的な協力はしないタイプだ。それが、知らず知らず、皿を洗っている。なぜおれはいま皿洗いをしているんだろう、とふと思う。

結婚生活二十数年で、どうしてこんなことが起こったのか。

変化の心当たりを思い出せない。唯一変化があるとしたら、『論語』を持って歩いていることくらいだ。でも、孔子は皿を洗えとはいっていない。「礼」とは言っているが。そうした言葉が私に影響を及ぼしているのかもしれない。それではたと思った。日本人が『論語』を教科書にして幼児期からやってきたというのは、これではないか！

礼、仁、義、孝、ずっと読んでいると、自然に自分の中に変化が起きる。

それは一冊の本を座右の書、携帯書として携帯しているからこそだ。中学生のころは、『氷川清話《ひかわせいわ》』を毎日持って通っていた。そうすると勝海舟がのりうつってくる。それを続けていたとき、ほとんど勝海舟その人だった。

情報を得る本と、血や肉、骨格にする本は別なのだ（「技4・一冊の本をバイブル化する」）。血や肉にする本は、身銭を切っていつも持って歩く。そして、空き時間に必ず読む。

一日の中にはいろんな空き時間があるものだ。人を待っている時間、電車を待っている時間、ぽかっと空いた時間、ぜんぶひまな時間だ。

その時間を、携帯電話をぴちぴち操作するのではなく、座右の携帯の書に注ぎ込む。

そしたらぜんぜんちがう。

そういう空き時間は、一日一時間以上はある。その時間に本が注ぎ込まれることによって、人にも話したくなってくる。「それは孔子がこう言ってたよ」なんて言うようになる。

二宮金次郎が孔子の話をしたように、すきま時間にそれをやる。それがむしろ貧乏時代にふさわしい。この「技を身につける方法」は、お金ができても忘れないようにしたい。

身銭を切った感じ、これしかないという感じ、こういうものが「マイ古典」になる。

第4章　希望を育む「お金」の使い方

貧乏の話をすると明るくなる。その感覚自体が大事だ。

貧困は社会問題だから政治から直さないといけない。だけど貧乏は個人の問題だし、心のもち方だ。江戸時代ではないが、貧乏だから心意気はある、という考え方もある。

だから、貧乏については、できるだけ明るく話すことだ。そうすれば、貧乏であるかどうかは別として、貧乏について語っているだけで楽しくなり、「貧乏力」も身につきやすい。

貧乏＝輝いている

ボクシングには常に貧乏なにおいがしていたから、日本で人気があった。ガッツ石松や輪島功一は、本物の貧乏だった。ガッツ石松なんて、草を食べたといっていた。絵に描いたようなハングリーさだ。

映画の『ロッキー』に全世界の人が涙するのも、ロッキーが貧乏だからだ。ロッキーが金持ちになるとちがってしまう。何もないところで、バイトしながらボクサーをやっているあの風景がよかった。エイドリアンとの恋愛も貧乏どうしだからいい。貧乏同士の一途《いちず》な恋は泣ける。『ロッキー』は典型的なサクセスストーリーではない。

しかし、貧乏を力に変える映画である。

あの映画の真似をして、みんな生卵《なまたまご》を飲んだりした。私も飲んだ。生卵は気持ちいいものではなかった。そして、パーカーを着て走った。生卵を飲んで、パーカーで走りまわった。

貧乏はバカが許されるのだ。

ふつうに遊ぶのではなく、バカができる。

ブルース・リーを観ると、みんながブルース・リーになる。あれもバカになった感じだ。

バカやれるっていいことだ。

貧乏＝バカである。

バカである＝輝ける。

貧乏＝輝いている。

女性に訊くと、「おしゃれな人って好きじゃない」という人が意外と多い。おしゃれなどに気をつかっているところが、せこくていやだ。女にモテようとしている。そういうふうに思えてしまうというのだ。

きれいな女の人ほど、男がおしゃれかどうかは関係がない。顔も関係ない。最初はイケメンとつきあうが、いろいろ男を見た結果、わかってくる。

「本物」という輝きを見るようになるのだ。

本物はお金や外見だけではない。

ということは、貧乏でもチャンスがあるのだ。むしろ、貧乏の輝きが魅力になる。

貧乏なときほど、お金を楽しんで使う

金がないときはそれなりに金が入ると、つい、仲間と豪遊《ごうゆう》したくなるものだ。貧乏なときは私もいまより宴会が好きだった。日本酒でもちょっといいのを買ってきて、「今日はこれだよ」「ちがうね」なんてことを言って、リッチな感じを味わう。

そうなると、馬券一枚でも楽しめる。

金がなかったころに友だちと一緒にいた時、ふとした拍子《ひょうし》に五千円が手に入ったことがある。大金だ。

どうするどうする、もっとも有効な使い方はなんだ？　やっぱり有馬記念か？

馬券なんて一枚も買ったことがないのに、なぜ有馬記念を買うのか。しかし、せっかくの

お金だ。有馬記念で当てるしかない。

結果は、惜しかった。

シンボリルドルフの時代で圧倒的に強かったから、そこにいけばいいのに、儲けが少ないのでという判断から、ちがう馬券を買った。そしてはずした。

年末の勢いも手伝い、有馬記念は、人の気持ちをおかしくさせるところがある。ふだんお金を使わない人が、年末でお金がよけいに必要であるにもかかわらず、貧乏人は節約しなきゃいけないのに、思わず使ってしまう。それもただ使ってしまうのでは面白くない。

夢をのせて、使う。

あぶく銭にも使い方があるのだ。

忌野清志郎も、井上陽水の印税で入った五百万、六百万円を遊びに使ったという。いいかわるいかはわからないけれど、**「いいじゃないか、今日は」**という感覚ももっていると、人生はより豊かになる。

お金の価値観を育てる

貧乏だからこそ、**おごりの価値**が出る。

マザー・テレサも言っていた。たとえば旅行で最後に訪れた国で、余ったお金を寄付《きふ》するという行為を受けそうになった。でも、マザー・テレサは、「そういうお金はいりません」と断った。「自分に必要ないからあげます、というのはいりません」ということだ。

つまり、自分の必要なものからあえて削《けず》って、ということに意味があるのだ。余っているもので、必要ないからどうぞ、というお金は受け取れない。つまり、「お金」ではないのだ。**お金をくれる人の「気持ち」をもらう**のだ。

その気持ちがちょうど、貧乏な時代のお金にもいえる。

子ども時代、貯めたお金でお母さんへのプレゼントを買ったことがある。そうすることで、親ともつながりができた。

子どものころの一ヵ月のおこづかいは九百円だった。私たちの小学生時代で、少ない金額というわけではないが、一日三十円でたいして多いわけではない。しかし、子どもなのでお金がいらない。毎日お好み焼き屋でちょろちょろ使うくらい。それで、ちょっとずつ貯める。

五千円ぐらい貯まると、新静岡センターというデパートに行って、両親の結婚記念日に何かを買った。

小学校時代、そうして、ずっとプレゼントをした。置き時計、石でできた馬のブックエンドなど、けっこういいものを選んだ。五千円、一万円出すと、いいものだから長持ちする。いまでも家に置いてあるものもある。それらは、「これは、孝がね、結婚記念日に買ってくれたんだよね」と今も親との絆《きずな》になっている。一カ月いくらできりつめて貯めたお金で一年に一回買う。そのサイクルが楽しみだった。私はプレゼント上手じゃないけれど、そのことに関しては習慣化していた。父親はウィスキーが好きだからウィスキーを入れる樽のようなものをあげた。小さいが本物に見える樽だ。

きりつめて人にプレゼントする。

そういうことから、お金の価値を特別なものに感じる感性を育んでほしい。

恋愛では、お金より気持ちをやりとりする

恋愛は、「気持ち」のやりとりをする、そういうコミュニケーションだ。

バブル時代のようにプレゼントで二十万円、ホテル代で何万円もかかって、食事も、というような時代は頭がおかしい。なけなしのお金の中からプレゼントする。女の子もバカじゃないからわかる。それを受け取らない女だったらしょうがない。超高額プレゼントは叶《かのう》姉妹を世話するような人にまかせればいい。気持ちを受け取れない女性とはつきあわなくていい。

男にとって恋愛は、貧乏なりの見せどころだ。女のほうも、初デートではおごってほしいと思っても、次からは割り勘《わりかん》でいいと思うものだ。誘ったデートだから一度目はおごる。それでいい。

私の教え子のある女子学生が言っていた。

ある学生に誘われたが、そこで全部割り勘だったので、「次はなし」と思った。もっともだ。自分から誘っておいて全部割り勘はないだろう。高い店でもないのに……。それは倹約家とはいわない。**心意気**がないというのだ。

デートのお店の値段くらいたいしたことがない。「たいしたことない、でも出すよ」。けど、仲良くなったら「ラーメンでいい？」といえばいい。ラーメンだったら割り勘でいい。女の子も、割り勘とか六：四でかまわないといっている。女の子も無茶なことをいっているわけではない。しかし、誘った初デートで割り勘では、男のほうに心意気がない。

男と女が平等というのではなくて、誘った責任というのがある。男のほうが女の人を立てる、大事にするというポーズみたいなものも大事だ。

無理はいけないけれども、自分ができる範囲で、ここというときに心意気をみせる。それが貧乏だからこそ輝く。金のある人がいつもは「いいよいいよ」と言っていて、たまに割り勘にしようとすると女の子がむっとする。せこいなどと言われる。

そう思えば、貧乏のほうが、心意気が輝く。

お金持ちは出してくれて当たり前となると、女の子もつい増長して自分の成長を妨げがちだ。

「ヴィトンの今年の出たんだけど」と言うようになってしまう。だが、女の子の本音は、「そう言っている自分が好きじゃない」「新しいバッグがほしいと言う自分は好きじゃない」というものだ。

「贅沢ばかりするのは、よくないよ」と言われてがまんする自分、本当はそういう関係に入りたい。けれど、その人の何かが満足できなくて、「ついモノ」という形で要求してしまう。ねだると相手は買ってしまう。そして、つい、また要求してしまう。悪循環だ。

自分の生意気さがコントロールできない。むしろそれに自分が疲れる。

リスペクトできる人であるほうがいい。女性の本心はそうだ。女が贅沢な場合、男がコントロールできていないことが多い。

「買ってやらないわけじゃないけれど、金づるだと思っている関係性はよくない。がまんを覚えろ。おれはおしゃれなんて気にしないし、それ以上きれいにして、ほかに何がしたいんだ」

そう、まっとうに説得して落ち着かせなければいけない。

そして、お金があるときにふっとプレゼントをする。そういうほうがぐっとくる。あるいは、たとえばその人が勉強したいという場合に、そっちの学費を出してやる。そういうお金の使い方をするほうがよい。

女の人が、モノへ、モノへと行ったら幸せではない。要求をコントロールできないクセになる。次、次、となる。そしてやがて止まらなくなる。

井上陽水も「限りない欲望」という歌で「限りないもの　それが欲望」と歌っている。欲望というものはかぎりない。青い靴、白い靴……もっと別のものがほしくなる。

欲望はかぎりない。それを考えると、ものを追いはじめると、どこまでも満足することはない。いくら稼いでも足りなくなる。

現代の日本だと、どんなに貧乏でも、路上生活者でも、ラジカセなどを持っていたりする。家電が全部そろっていることもある。

実際には、もう何もいらないのだ。

もらおうと思えば、古いＤＶＤだってみんなが持っている。ただで手に入る。その辺に捨ててある。必要なものは手に入る時代なのだ。私は中古で十万円の車を買ったことがある。けっこうりっぱな車だったし、ちゃんと動いた。親子四人が乗れた。

そう考えると手に入らないものというのは、あまりない。

ただし欲望は限りない。

それを自分でコントロールする感性があるかどうか。それが重要だ。

「ガッツ石松一万円」札を作ってほしい

お金は、どういう活動で得たものでも、ぜんぶ同じ形になってしまう。それがよくない。

あぶく銭でも、苦労しても、全部同じ形になってしまう。

お金に種類があったらいいと思う。

たとえば一万円札でも、汗水たらして戦って勝ち取ったら「ガッツ石松の肖像」が描いてある。貧乏からはいあがって血まみれでつかみとった一万円だからだ。苦労して働いたときには給料がガッツの一万円札で払われる。

そして、その一万円で恋人にプレゼントを買う。それが「気持ち」になる。

福沢諭吉は問題ない。お札にちょうどいい人間である。向上心の権化《ごんげ》でもある。

でも福沢は、本当の貧乏ではない。骨身を削るど貧乏から立ち上がった人間、そういう肖像のお札を使いたい。

樋口一葉の五千円札はそういう意味ではいい。樋口一葉は一生お金に苦労をした人だ。そこにこそ意味がある。

千円札の野口英世もわるくない。野口も貧乏で、小さいころにケガをした。勉強なだけで新聞に出たくらいの人だ。「僕の友だちの野口くんはすごい」という作文が新聞に出たらしい。そのような貧しいところで育った。

そう考えると、ますます、お札に種類を作ってほしいと思えてくる。

特に**一万円札にバリエーションがほしい**。一万円なのに何種類かあるのだ。福沢をスタンダードだとすると、バブリーなやつはもっとちがう大金持ちのバージョンをもつ。いっぽうで、本当の貧乏な人たちのバージョンもある。

貧乏で終わった有名人でもいい。たとえば、貧乏の中で死んでいった石川啄木のお札だ。「ぢっと手を見る」と一万円札に書いてあれば、ぐっとこないか。

給料が銀行振込でありがたみがなくなったけれど、「ガッツ一万円札」が十枚出てきたら、価値がちがうことも一目でわかる。財布のなかに入っていても重みがちがう。

昔は金貨というものがあった。金貨はそれ自体に価値があるから、みんながしまい込んでしまう。自分が苦労してやったものは、いまでも金貨にしてほしい。

パール・バックの『大地』では、奥さんが銀の粒を壁に埋め込んで貯めていた。王龍《ワンロン》が土地を買いたいというと、「あなたこれで」と渡す。紙幣ではなく、銀の粒であることにお金の大切さがいっそう増す。

反対に、ちょろいあぶく銭というのがある。ちょっとしたことで儲けたお金のことだ。たとえばトレーダーが一晩で一億円儲けた。それは才覚だけど、何も生み出してない「利ざや」というもの。それで損する人もいるから得する人もいる。

たしかに大変だとは思うけど、それをよしとしてしまう労働観はふつうじゃない。

いいものを作ってものすごく売れる。いい曲を作ってものすごく売れる。これならだれも損をしている人がいない。

そうではない「右から左へ」という職業にあこがれて最高の職業だとされる価値観はおかしい。その人たちには、一万円札でも、リーマン・ブラザーズの会長の顔かなんかにして「おごれるもの久しからず」と書いてあるような一万円札を渡すといい。

働くことは尊いこと

お金は労働の凝縮《ぎょうしゅく》したものである。尊いものなのだ。

お金をバカにするのはおかしい。

だから、苦労して貯める、それがどういうことかを子どもに説明しなければいけない。一万円がここにある、そこには「働いた」ということが入っている。「それを思って使わなければいけない」と説明する。

ところが、今では、お金はだれにとっても移動できるものになってしまい、**労働の結晶だ**というのを忘れている。それが銀行振込で加速してしまっている。

働いているお父さんたちをリスペクトしない。そういう空気がいちばんよくない。お父さんでなくても、稼いでいる人がお母さんなら、お母さんでもいい。

そういう存在を、もしお母さんがリスペクトしないと、子どももリスペクトしない。そうすると、いちばん肝心な「働くこと」がどんなに尊いかが子どもにわからない。子どもが育っていくうえで、これは致命的なことだ。

給料が、紙幣の形でなく、振込の形でただの「数字」になったため、お金は銀行のキャッシュディスペンサーがくれると思ってしまう子どもがたまにいる。そして、「お父さんは家でごろごろしている」という。とんでもない話だ。

もっとも、お父さんが全部お金を管理するのがいいかというと、感覚的には、欧米風でぴんとこない。お金は全部お母さんへ預けてしまう。男は使う分だけもらう。そういう姿は子どもが小遣いをもらうようでもある。だが、「かかあ天下」は家庭がうまくいく秘訣《ひけつ》でもある。家計はお母さんが握っているが、お父さんへのリスペクトはしっかりある。

子どもに「お父さんの肩もみなさい」とお母さんが自然と言えるかどうか。これは全《まっと》うな生活をしていく基本である。

夫婦でいるから男は働く

「あなたが稼いでくれないと家族は死ぬんだから」

こう言って、お母さんがお父さんをせかす。これは家族が発展していく上でとても重要なことだ。

お父さんは期待されている。そして稼いでくる。稼いできたら「よくやったわね」という。世の中と夫婦で戦っている感じがあると、別れようがなくなる。それでお父さんが儲けはじめたらいよいよ別れられない。

そういう結婚が、若い人の夫婦生活のスタートとしてはいい。

男の人が働くのがこの国ではまだ一般的なので、そのモデルでいうと、成功をする前、まだ安いときに株を買う、という感じで結婚するのだ。

二十代前半の男には、しょうがないと思う人でも、光る原石がけっこういる。そういう男を見つけて結婚できれば、いい株を買ったみたいなものだ。その株はなかなか上がらないかもしれない。別れようか、でも別れたあとに上がるかもしれない。女の人にしてみれば、一生の賭けになる。

結婚相手に条件はない、見込み一発勝負だ。その人を見込んで結婚する。見込むという言葉は深い。計算できない範囲だからだ。「私が見込んだ人だからしょうがない」と女の人が見込んで結婚するほうがうまくいく。女の人が見込んだ場合はその人にも責任が生じる。「こいつなんとかしなきゃ」となる。

成功しなくても、**「この人のこういうところが好き」**というのが残れば、いちばん救いになる。見込むところはどこでもいい。

金を稼ぐという意味ではなくても、やさしさを見込んで結婚したら、やっぱり子どもにもやさしい。お金はそうではないけれど、家庭は安定している。誠実なところ、嘘をつかないところ。融通《ゆうずう》はきかないけれど一途《いちず》なところ。いろんなところに見込みがある。そこを自分が見込んだ。自分が選んだ、それはもう実存だ。

女の人は、自分の人生がかかっているだけに、見込んだ以上、苦労はともにする覚悟でいる。その人にお金がなくなったら、話がちがうじゃない、となるのでは、夫婦とはいえない。会社で突然リストラにあった、その人はわるくない。「じゃあ別れる」ではおかしい。「じゃあがんばろう」となるべきだ。その人が障害を負った、病気になった。それで別れてしまわない夫婦も多い。それでもその人なのだから。

苦労してもこの人と一緒になりたい。それが基本形だ。女の人は、本当はそういう気持ちをもっている。だけど、世の中の風潮がそうでないと、流されてしまう。その判断基準が鈍ってしまう。

見込むというのは、自分が見込むわけである。世間の見込みではない。

そう考えると、苦労をともにできる、貧しさをともにできる感覚があるうちに結婚するのがいいともいえる。

貧しさを力に変えるというのに結婚も入るのだ。貧しいから結婚する。

私は結婚してよくなった。私も結婚する前は精神的に不安定だったのが、結婚してから安定した。貧しいことには変わりなかったが、さびしくはなくなった。そうして貧乏力の溜めを作れるようになった。

貧乏は希望だ!

このように、貧乏はお金の価値から結婚のありがたさまで、実に多くのことを教えてくれる。

そういう意味でも、貧乏は希望だ。

貧乏は人生で大切なことをたくさん教えてくれる。全部失ったとしても耐える力を授けてくれる。裸一貫に戻ればいいんだと二十代で経験できればどれだけ強いか。

若いときの苦労は買ってでもしろという。若いときの苦労体験は、一生を通じての財産になるという意味だ。

これは、言い換えれば、「〈貧乏〉であれ！」ということでもある。

もちろん、若くなっても、いくつになっても、金持ちになっても、〈貧乏〉をもちつづけることが大切だ。

〈貧乏〉をもっているかどうかは、信頼される人間、いい仕事をする人の基準でもある。

貧乏は永遠に人生の先生なのだ。

あとがき

ミシマ社から「貧乏についてぜひ」と言われ、すぐにこう思った。

私に、はたして貧乏を語る資格があるのか？

三十二歳時、妻一人、子ども二人、定職、定収入なし。所属なし。年収二百万円台。

これは、資格あり、と思い、貧乏のもつ奥深い力に分け入っていく気持ちを固めた。

「貧乏力」は、かつては多くの人がもっていた力だが、今の日本には欠けてきている。それが元気のなさにもつながっている気がしていたので、この本には時代のリクエストを感じた。

本文にも書いたが、貧乏力は単に貧乏しているということではない。貧乏に対する感受性がある、ということだ。

いわば〈貧乏感性〉があるということ。

これがあると、人の情がわかる。落語の人情話、「芝浜《しばはま》」や「子別れ」は、貧乏感性がないと泣けない。「情」が肌でわからないのは、人としてさびしい。

「ボロは着てても心は錦《にしき》」という貧乏の心意気は、人として健全な元気のあり方だと思う。

坂口安吾《あんご》の貧乏スタイルも私は好きだ。「ヒンセザレバドンス」（貧せざれば鈍す、という安吾手製の格言）という文章の冒頭にこうある。

私と貧乏とは切れない縁にあり、この関係は生涯変らざるものであろう。私は三日間ぐらい水だけ飲んでいたことが時々あり、あたりまえにしておればそんな苦労をする必要はないので、身からでた錆《さび》だと友達は言う、その通りで、人並に暮す金はあったが、一ヶ月の生計を一夜で浪費してしまうから困るだけの話で、だから私は貧乏で苦しんでもわが身を呪ったことはない

（『坂口安吾全集04』ちくま文庫、一八九頁）

貧乏はしかたない。「ただ私が生きるために持ちつづけていなければならないのは、仕事、力への自信であった」（「いずこへ」、同書一二七頁）。

貧乏の中で心の中の剣を鍛え、研《と》いでいる安吾の姿に、私はひかれた。吹《ふ》き抜《ぬ》けは豪華な家のものだが、心の中に「吹き抜け」を持っているようなものだ。

形ははっきりしないが、体の内側でたしかに感じる力の湧き上がり。

貧乏が、この「湧き上がり感覚」をよりくっきりとさせてくれる。いつまでもずっと貧乏というのも、たしかにつらい。若いときに貧乏を貧乏感性へと変えて、力の源泉にしていきたい。

私は「下流」や「負け組」という言葉が好きではない。人を外側から分類する鈍感さが嫌なのだ。

それに比べて、〈貧乏〉は自分の心の問題だ。前向きで肯定的な貧乏というものがあるのだ。「心が折れやすい」と自分で感じるところのある人には、特にこの本を読んでほしい。お金が足りない状況の大もとにある、心の構えに目を向けてほしいと思う。

不運にして（？）貧乏を経験できずに成長してしまった人にも、ぜひ貧乏感性は身につけてもらいたい。揺《ゆ》るがない肚《はら》ができるからだ。

働けることに感謝し、食べられることに感謝することができれば、意外に人生は明るい。

今回、ミシマ社の三島邦弘さんと貧乏をテーマに仕事ができたのはうれしかった。一緒に江古田の公民館で卓球に興じた仲でもあり、貧乏をともに楽しんだことをなつかしく思った。

少数精鋭のミシマ社は、おそらく余裕と保証のない状況で貧乏力をバネに明るくがんばっているのだろう、と思うと、ミシマ社の青春期に仕事をさせてもらった喜びが湧く。
では、最後に一言。
いつも心に〈貧乏〉を。

二〇〇九年八月

齋藤　孝

参考文献

川上卓也『貧乏神髄』WAVE出版
西原理恵子『この世でいちばん大事な「カネ」の話』理論社
安藤忠雄『建築家 安藤忠雄』新潮社
和田傳『二宮金次郎』童話屋
山口百恵『蒼い時』集英社文庫
ドストエフスキー『罪と罰』亀山郁夫訳、光文社古典新訳文庫
矢沢永吉『成りあがり』角川文庫
安藤優一郎『幕末下流武士のリストラ戦記』文春新書
湯浅誠『反貧困――「すべり台社会」からの脱出』岩波新書
『太宰治全集』(02・09)、ちくま文庫
中原中也『中原中也詩集』新潮文庫
磯田道史『武士の家計簿――「加賀藩御算用者」の幕末維新』新潮新書
田村裕『ホームレス中学生』ワニブックス
安本末子『にあんちゃん――十歳の少女の日記』西日本新聞社
美輪明宏『紫の履歴書――新装版』水書坊
石川拓治『奇跡のリンゴ――「絶体不可能」を覆した農家木村秋則《あきのり》の記録』幻冬舎
稲盛和夫『稲盛和夫のガキの自叙伝』日経ビジネス文庫
連野城太郎『GOTTA《ガッタ》!忌野清志郎』角川文庫
ゲッツ板谷『板谷バカ三代』角川文庫
パール・バック『大地』新居格訳、中野好夫補訳、新潮文庫
『坂口安吾全集04』ちくま文庫

齋藤孝（さいとう・たかし）

1960年静岡県生まれ。東京大学法学部卒業。同大学大学院教育学研究科博士課程を経て、現在明治大学文学部教授。専門は、教育学、身体論、コミュニケーション技法。2001年刊行の『声に出して読みたい日本語』（草思社、毎日出版文化賞特別賞受賞）が話題に。

著書に『若いうちに読みたい太宰治』（ちくまプリマー新書）、『会議革命』（PHP文庫）、『１分で大切なことを伝える技術』『凡人が一流になるルール』（以上、PHP新書）、『人を10分ひきつける話す力』（だいわ文庫）、『呼吸入門』（角川文庫）、『雑菌主義宣言！』（文藝春秋）など多数ある。

〈貧乏〉のススメ

二〇〇九年十月四日　初版第一刷発行
二〇〇九年十月十日　初版第二刷発行

著者　齋藤孝
発行者　三島邦弘
発行所　㈱ミシマ社
郵便番号一五二-〇〇三五
東京都目黒区自由が丘二-六-一三
電話　〇三(三七二四)五六一六
FAX　〇三(三七二四)五六一八
e-mail hatena@mishimasha.com
URL http://www.mishimasha.com/
振替　〇〇一六〇-一-三七二九七六

印刷・製本　藤原印刷(株)
編集協力　梶原初映
組版　(有)エヴリ・シンク

ISBN978-4-903908-14-4

好評既刊

街場の教育論

内田 樹

「学び」の扉を開く合言葉。それは……？

教育には親も文科省もメディアも要らない!?
教師は首尾一貫してはいけない!?　日本を救う、魂の 11 講義。

ISBN978-4-903908-10-6　1600 円

文章は写経のように書くのがいい

香山リカ

目からウロコの「書き方」入門

「スキマ時間」でサクサク大量に書く！セラピー効果もある、
自分のためのライティング！多筆の著者がその極意を初公開。

ISBN978-4-903908-12-0　1500 円

海岸線の歴史

松本健一

日本のアイデンティティは、「海岸線」にあり

「海やまのあひだ」はどのような変化をしてきたのか？
「日本人の生きるかたち」を根底から問い直す、瞠目の書。

ISBN978-4-903908-08-3　1800 円

脱「ひとり勝ち」文明論

清水 浩

未来はこんなに明るいのだ！

「未来の車」エリーカ開発者が見つけた、
「太陽電池と電気自動車」が作る日本型の新文明。

ISBN978-4-903908-13-7　1500 円

（価格税別）